新人からベテランまで使える

大人のための

言いかえ BOOK

佐藤幸一 著

　ちょっと前にコーヒーショップで見かけた光景です。

　幼い子どもを連れた女性と店員が話しています。どうやら、注文したものとは違うものが出てきたようです。その女性は出てきた商品が違うことを丁寧に説明していました。

「私が注文したのは××だけれど、今出してもらったのは○○ですよね」

　そう女性が店員に言うと、店員は自分の間違いに気がつきました。

「申し訳ございません。××にお取換えいたします」

と店員は恐縮しています。

「結構ですよ。こちらいただきます」

　女性はそう伝えてテーブルに戻っていきました。

　しばらくして、彼女が店を出るとき、商品を間違えた店員がススッと近寄っていき改めてお詫びと感謝を伝えると、彼女は笑顔で返しました。

注文と違う商品が手元に来たとき、彼女にはいくつかの選択肢がありました。先ほど彼女がとった行動以外には次のようなものがあります。

　①間違えた店員を叱責し、商品を取り換える。

　②違う商品を我慢して飲んで、店を出る。

　①は、店員の気持ちを考慮せず、自分の気持ちをぶつけています。②は、自分の気持ちを押し殺して、不満を持つことになります。

　きちんと自分の気持ちも相手の気持ちも考慮した行動が、実際に彼女が口にした言葉でした。

　もし、彼女が商品を換えてほしかったら、「申し訳ないのですが、交換してもらえますか」と言うでしょう。このような言い方なら店員の気持ちを傷つけることもありません。

　このように自分の気持ち、相手の気持ちの両方を大切にすることを「アサーティブ・コミュニケーション」と呼びます。これがこの本のテーマです。自分の気持ちを理解し、感情をコントロールして、言葉を丁寧に選び、相手に伝える。そうすることで、ポジティブな人間関係を構築できるのです。ぜひ、日常のいろいろなシーンで役立ててほしいと思います。

本書の使い方

日常生活をスムーズに送るために、自分の気持ちと相手の気持ちの両方を大切にする「言葉の言いかえ」のヒントを集めました。相手を傷つけずに自分の主張を理解してもらい、発展的な人間関係を築くために活用してください。

①使うシーン

よく使うシーンごとに分けて紹介しています。自分が使いたいシーンをすぐに探すことができます。

②シチュエーション

紹介するフレーズをどのような状況で使えばよいかを具体的に説明しています。

③使いたくないフレーズ

日常でよく使っているのですが、知らずに相手の気持ちを損ねているフレーズです。言いかえが望ましいでしょう。

④言いかえたフレーズ

相手の気持ちを損なわず、自分の主張を通すことができるフレーズです。そのまま真似して使うことができます。

⑤ポイント

「使いたくないフレーズ」から「言いかえたフレーズ」にかえるときの注意点です。

挨拶・自己紹介

職場の人間関係にとって、挨拶は基本中の基本。最初の自己紹介や日頃の挨拶の仕方が、周りの人からの印象を大きく左右します。

社内で初めて会う相手に

✕ どうも、はじめまして

○ 初めてお目にかかります

POINT 同じ職場の相手であっても、「どうも」という言い方はくだけ過ぎた表現です。「**はじめてお目にかかります。営業課の○○です**」のように自己紹介をして、きちんとした第一印象を与えましょう。

名前だけ知っている相手に

✕ ○○さん、はじめまして

**○ ご活躍の噂は
かねがね伺っております**

POINT 他の人から名前だけ聞いていて、一方的に知っている相手と初めて顔を合わせるときは、「**○○さんのご活躍の噂は、かねがね伺っております**」と相手を立てることで、好印象を与えることができます。

18

CONTENTS

序章	余計なトラブルを引き起こさない **言いかえの基本**

第 1 章	仕事がスムーズに進む **職場で使える言いかえ**

<table>
<tr><td>第2章</td><td>顧客や取引先に信頼される
ビジネスに効く言いかえ</td></tr>
</table>

第 5 章 いざというときに知っておきたい
トラブル回避の言いかえ

DTP：横内俊彦

装丁：木村　勉

校正：矢島規男

序章

余計なトラブルを
引き起こさない

言いかえの基本

対面、リモート、メールなど、私たちのコミュニケーションの手段はこれまでになく多様化しています。そのため、不用意なひと言が思いもよらないトラブルになることも。いつもの言葉をちょっと言いかえるだけでスムーズなコミュニケーションを始められます。

大人として
身につけておきたい
言いかえの基本

　こんにちは。佐藤幸一です。あまり規模は大きく広げていませんが、企業へのコンサルタントをしています。日頃のコミュニケーションを見直し、会社内外のトラブルの解決や予防するお手伝いをしています。

　先日、私がコンサルタントをしているＡ社の社員がクライアントＢ社の担当を激怒させて困ったと相談されました。それは相手に言ったひと言が引き金でした。

「誤解されているようなので、説明させていただきますね」

　不用意な言葉もあったものです。

　この言葉をかけられたほうは、「まるでこちらに非があるみたいじゃないか」と思うことでしょう。仕事の上でやり取りの行き違いはよくあることです。相手のミスだとしても、この言い方では全面的に相手の失態となってしまいます。そうなれば、Ｂ社の担当も社内で困った状況になるでしょう。

そういう状況に相手を追い込むひと言を放ったわけ
ですから、相手も引くに引けません。結局、A社の部
長クラスが出てきて、やっと収まり、A社の担当は変
更となりました。担当者が上司から雷を落とされたの
は言うまでもありません。

　もし、私がアドバイスするなら、相手を激怒させた
言葉を次のように言いかえるでしょう。

「誤解を招く伝え方をしたようですので、まずはお詫
びします」

　こう切り出せば、誤解を導いたこちらに責任がある
ことになり、相手の感情を刺激することはありません。
あとは、丁寧に経緯と今後の対処を説明していけば、
ほどよい落としどころに落ち着くことでしょう。

　逆に、あるひと言でモチベーションが上がった例を
紹介しましょう。同じA社でのことです。新しく立ち
上げた部があり、スパルタのC部長が陣頭指揮を執っ
て、部員たちを厳しく指導してきました。1年が経ち、
部の業績は軌道に乗ることができました。当初はすべ
てをC部長が仕切っていたのですが、次第に部員が自
分たちで進めるようになったのです。

　その節目のとき、部のミーティングでC部長はこう
言いました。

「業務を君たちに任せられることになってうれしい」

このひと言で部員たちはこれまでの苦労が報われ、自分たちのやり方が正しいのだと感じ、なおさら業務に励むようになりました。現在、C部長が立ち上げた部署はA社の中で柱の一つになっています。

　ここで出した例は2つともビジネスがらみでしたが、言葉づかいや言い方が重要なことはわかってもらえたと思います。頭の中にあって今から話そうとしている言葉が、その場に適しているのか判断しなければなりません。状況に応じて「言いかえ」をするのです。

1. 話しているのはどういう時か。
2. 話しているのはどういう場所か。
3. 話しているのはどういう状況か。

　時（Time）、場所（Place）、状況（Occasion）を考慮する。言いかえはTPOをベースに考えるとよいのです。
　私たちが日頃行っているコミュニケーションはこのTPOが絡み合って構成されています。プレゼンをする「場所」にしても、新規のクライアントと10年来の付き合いのあるクライアントでは、選ぶ言葉は違ってくるでしょう。
　同じことを伝えたいのに、選ぶ言葉を変える、言い方を変える、表現を変える……。これが「言いかえ」です。言葉を発するとき、TPOに合わせて言いかえられるかは、本人の語彙力とそれを引き出す表現力にかかってきます。

この本では、オン・オフを問わず、日常生活で有効な「言いかえ」を紹介していきます。

　本書で紹介している「言いかえ」はあくまでも初心者向けです。この章で触れているように、言いかえには語彙力が必要です。まずはこの本に書いてある文章をそのまま真似するのもよいでしょう。初めは、どこかぎこちない言い方になるかもしれませんが、次第に慣れてくるものです。何度も繰り返していくうちに、それが自然とあなた自身の言葉になることでしょう。

　相手の気持ちを汲んだ「言いかえ」のできる人はオンでもオフでも、その思いやりが周りの人に伝わり、好感を持たれます。そういう人は人との出会いに恵まれ、充実した生活を送ることができるでしょう。

　少しずつ表現のバリエーションを身につけていけば、TPO に応じて、最も適した表現を選びコミュニケーションを取ることができるようになります。

　同じような意味の言葉でも、そこに込められたわずかな差異、また、伝えるときのちょっとしたしぐさで、どれだけ相手に与える印象が変わることでしょう。そこに日本語の豊かさを感じずにはいられません。

　人生を変えるきっかけとなる「言いかえ」をぜひこの本を通じて身につけてほしいと思います。

第 1 章

仕事がスムーズに進む

職場で使える 言いかえ

上司・部下、先輩・後輩など、さまざまな役職や年代の人が集まる職場では、何気ないひと言が誤解やトラブルにつながることが少なくありません。職場で使う言葉を見直すことで、人間関係のストレスが小さくなり、仕事のやりがいも変わってくるでしょう。

挨拶・自己紹介

職場の人間関係にとって、挨拶は基本中の基本。最初の自己紹介や日頃の挨拶の仕方が、周りの人からの印象を大きく左右します。

社内で初めて会う相手に

✕ どうも、はじめまして

○ **初めてお目にかかります**

POINT 同じ職場の相手であっても、「どうも」という言い方はくだけ過ぎた表現です。「**初めてお目にかかります。営業課の○○です**」のように自己紹介をして、きちんとした第一印象を与えましょう。

名前だけ知っている相手に

✕ ○○さん、はじめまして

○ **ご活躍の噂は かねがね伺っております**

POINT 他の人から名前だけ聞いていて、一方的に知っている相手と初めて顔を合わせるときは、「**○○さんのご活躍の噂は、かねがね伺っております**」と相手を立てることで、好印象を与えられます。

18

職場で顔なじみの相手に

 お世話様です

 お世話になっております

POINT 敬語の中に親しみを込めたつもりで「**お世話様です**」のように言うと、上からの物言いだと感じる人もいます。ビジネスの場では、常に敬意を持ち、フランク過ぎない話し方を心がけましょう。

職場でよく会う相手に

 また会いましたね

 先日に引き続き、本日もよろしくお願いいたします

POINT よく一緒に仕事をしている親しい相手でも、挨拶を省略するのはよい印象を与えません。親しみを表したいなら、「**先日は、あれからどうなさいましたか**」などと会話の範囲を広げるとよいでしょう。

廊下などですれ違ったとき

 お疲れ様です

 こんにちは

POINT つい「お疲れ様」で挨拶を済ませがちですが、相手が疲れていないときに言うと、いかにも型にはまって聞こえます。単なる挨拶なら、「**こんにちは**」や「**おはようございます**」のほうが無難です。

相手をねぎらうとき

✕ ご苦労様です

 お疲れ様です

POINT 「ご苦労様」は目上の人が目下の人に使う言葉です。知らずに言ってしまうと、人間関係がこじれたり、常識がないと思われたりしかねません。同僚や上司には「**お疲れ様**」と言うのが一般的です。

久しぶりに一緒に働く相手に

✕ お久しぶりです

 またご一緒できて光栄です

POINT 以前に同じ部署やプロジェクトで働いていた人と、また同じ場所で仕事をすることになったら、挨拶に加えて「**また、○○さんとご一緒できて光栄です**」と伝えると、ぐっと印象がよくなります。

新しい配属先での挨拶で

✕ 頑張りますので、よろしくお願いします

  **皆さまの期待に応えられるよう
精一杯努めます**

POINT 「頑張ります」だけでは味気なく感じられます。これから一緒に働く人たちへの敬意をにじませ、やる気をアピールします。「**皆さまの期待に沿うよう、誠心誠意業務に励みます**」と言うのも効果的です。

入社したときの挨拶で

 よろしくお願いします

 何卒ご指導のほど
お願い申し上げます

POINT 新しい職場では、周りの人から仕事について教えて
もらうことも多くなります。だからこそ最初の挨拶
では、単に「よろしく」だけではなく、指導をお願
いしたい旨を丁寧に伝えると好印象です。

入社の挨拶で謙虚な姿勢を示したいとき

 自分なんて全然まだまだなので……

 右も左もわからない
未熟者ですが……

POINT 自己紹介の場面であまり卑屈になると、頼りなく見
えてしまいます。「**右も左もわからない未熟者です
が、何卒ご指導のほどよろしくお願い申し上げます**」
と、まず謙虚な姿勢を表しましょう。

入社の挨拶で印象をよくしたいとき

 何かとご迷惑をおかけするかと思いますが

 一日も早く戦力になれるよう
努力してまいります

POINT 入社してすぐは慣れないことが多く、周りの人に迷
惑をかけることもあるでしょう。だからこそ、早く
成長したいという気持ちを話してやる気を見せる
ことで、ポジティブな印象を与えられます。

依頼・相談

誰かに頼みごとをしたり、相談に乗ってもらったりしたいとき、相手に気分よく引き受けてもらえるような頼み方をしてみましょう。

簡単な依頼や相談を持ちかけるとき

✕ ちょっといいですか？

○ 10分ほどお時間ありますか？

POINT 「ちょっと」は、人によって受け取り方が変わるあいまいな表現です。作業を一旦止めて話を聞いてもらいたいなら、かかりそうな時間を具体的に伝えたほうが、相手は聞く気持ちをつくりやすくなります。

時間を取って相談に乗ってほしいとき

✕ ちょっと聞きたいんですけど

○ 折り入って相談がありまして

POINT 「折り入って」とは、「特別に」「ぜひとも」という意味です。じっくり相談に乗ってほしいときは、「**折り入ってご相談がありまして、お時間を取っていただけますでしょうか**」とお願いしましょう。

ミスがないか確認してほしいとき

 チェックお願いします

 ご確認をお願いします

POINT 作成した書類や資料の内容に間違いがないかチェックしてもらうときは、「**ご確認をお願いします**」と丁寧な言葉でお願いすると好印象です。他に「**お目通しいただけますか**」という言い方もあります。

書類などを読んでおいてほしいとき

 目を通しておいてください

 ご一読ください

POINT 簡単に読むだけで構わないことを示そうとして「目を通しておいてください」と言ってしまう人がいますが、目上の人からは失礼だと思われかねません。「**事前にご一読いただければ幸いです**」などが適切です。

提案の受け入れを考えてもらいたいとき

 考えておいてもらえませんか

 ご検討をお願いします

POINT 自分が提案した内容について、上司など決定の権限を持つ相手に考えてもらうよう頼むときには、丁寧にお願いしましょう。「**ご一考くださいますようお願いします**」という言い方も好印象です。

アドバイスをもらいたいとき

✗ よくわからないので、教えてください

**○ ○○の部分について、
ご助言をいただけないでしょうか**

POINT 「よくわからない」と漠然（ばくぜん）と言われても、相手は何から教えたらいいかわかりません。教えてほしいポイントを具体的に明示することで、相手も的確なアドバイスがしやすくなります。

手助けしてもらいたいとき

✗ ご協力をお願いします

○ お力添えをお願いします

POINT 「協力」は「力を合わせる」と対等の意味を含むので、目上の人などに手伝いを頼むときにはふさわしくありません。**「お力添えをお願いします」「お力を貸していただけないでしょうか」** と言いかえます。

簡単な仕事を頼むとき

✗ 誰にでもできるような仕事だから

**○ 単純作業だけど、
大事な仕事だからお願い**

POINT 部下や同僚に雑用や簡単な作業を頼むと、言い方によっては、相手が使い走り扱いされていると感じてしまいかねません。**「大事な仕事だから」「覚えておくと役立つから」** などのひと言を添えましょう。

仕事を依頼するとき

✕ なるべく早めにお願いします

⭕ **◯日までにお願いします**

POINT 「なるべく」も「早めに」も、人によって受け取り方が違うあいまいな表現です。「そんなに急がなくてもいいのかな」と思われてしまうかもしれず、トラブルのもとです。期日を明確に伝えましょう。

忙しそうな人に仕事を頼むとき

✕ お時間があるときで結構なので

⭕ **遅くても月末までにお願いします**

POINT 期日を明示しない依頼は、仕事の優先順位がつけにくいので忙しい人ほど迷惑に感じます。「**遅くても◯日までにお願いしたいのですが、難しい場合はご相談ください**」と、要望をはっきり伝えます。

追加の仕事を頼むとき

✕ ついでにお願いします

⭕ **この件も追加でお願いできますか?**

POINT 気軽に「ついでに」と言われると、相手は自分が軽く見られていると感じます。ちょっとした追加の作業であっても、「**申し訳ありませんが、この件も追加でお願いできますか?**」と丁寧に頼みましょう。

承諾・断る

せっかく自分を頼ってもらえたら、相手に気をつかわせず快諾したいものです。仕方なく断る場合も角が立たないよう伝えましょう。

頼まれたことに応えるとき

✕ 大丈夫です

○ **わかりました**

POINT 「大丈夫」は、もともと「わかりました」「できます」などの意味で使われることが一般的でしたが、「できません」「いりません」という反対の意味でも使われます。あいまいな表現は避けましょう。

上司からの依頼に応えるとき

✕ 了解です

○ **承知しました**

POINT 「了解」には許可の意味合いがあるので、目上の人に使うには不適切です。同僚や部下には「了解」で問題ありませんが、上司への返答なら「**承知しました**」「**承りました**」と言いましょう。

不得意な仕事を引き受けるとき

✕ そういう仕事は苦手です

 その仕事は自信がないのですが、やってみます

POINT 「苦手なので」「好きじゃない」と言い訳せず、前向きな姿勢を示しましょう。自信がないときは、できないことを具体的に伝えて「**サポートしていただけませんか?**」と助力をお願いしましょう。

遠慮しながら引き受けるとき

✕ 私でいいんですか?

 私でお役に立てるなら、お引き受けいたします。

POINT 自分の実力以上の大役を頼まれたときなど、遠慮する態度を示しながらも、前向きに応じると信頼感が増します。他には、「**及ばずながら、務めさせていただきます**」のように言いかえてもいいでしょう。

急な仕事を仕方なく引き受けるとき

✕ 仕方ないのでやります

 なんとかできると思います

POINT 余裕がないときに急に仕事を頼まれると、「仕方ない」「できなくはないです」などと後ろ向きな言い方をしてしまいがちです。相手に気をつかわせないように、前向きな言葉に言いかえましょう。

目の前の仕事で手一杯のとき

✕ 今はちょっと忙しくて

〇 **今は厳しいですが、**
〇時以降でしたら対応できます

POINT 「忙しいので」「立て込んでいて」などという断り方
は、相手のために時間を取るつもりがないと思われ
てしまいかねません。今すぐ応じられなくても、い
つならできるか明示すると印象がよくなります。

忙しくてすぐ引き受けられないとき

✕ 今日は無理です

〇 **明日以降の対応でも**
よろしいでしょうか?

POINT どうしても仕事を引き受けるのが難しいときでも、
すぐに「無理」と突っぱねてしまうのは角が立ちま
す。引き受けるつもりがあることを示しつつ、自分
の都合を具体的に伝えるといいでしょう。

難しい仕事を断りたいとき

✕ 私には無理です

〇 **私には荷が重いので**

POINT やたらに「無理」と断っていると、やる気がないと
思われかねません。断る場合は「荷が重いので」と
自信がないことを示したり、「**私はまだ十分スキル**
がないのでできません」と説明しましょう。

大役の依頼を断るとき

 私には役不足なので……

○ 私では力不足ですので……

POINT 「役不足」は、その人にとって役目が軽すぎること
を表す言葉なので、謙遜したいときに使うのは誤用
です。「**私では力不足ですので、辞退させていただ
きます**」のように言いかえるのが適切です。

残業を頼まれたとき

 今日は用事があるのでできません

○ 断れない用事がありまして、
○時まででしたら大丈夫です

POINT 急に残業を頼まれると、うまく断れないという人は
多いかもしれません。用事があることを伝えつつ、
「できない」と言い切るのではなく、可能な限り引
き受けるつもりがあると示すと穏便になります。

部下からの要望に応えられないとき

 ダメなものはダメだよ

○ 実現するための方法を
検討しましょう

POINT 部下から想定外の要望があったとき、「ダメなもの
はダメ」と切り捨ててしまえば、互いの信頼関係が
損なわれます。協力的な姿勢を見せて話し合うか、
難しい場合はその理由を説明します。

お礼・感謝

助けてもらったり、目をかけてもらったりした相手には、自分の気持ちがきちんと伝わる言葉で感謝を述べましょう。

ちょっとしたことのお礼で

✕ すみません

O **恐れ入ります**

POINT 「**恐れ入ります**」は、「すみません」と「ありがとう」の両方の意味を含む便利な言い方です。ドアを開けてもらったとき、物を拾ってもらったときなど、「**恐れ入ります**」と言いかえると大人の印象です。

日頃からお世話になっている相手に

✕ いつもお世話になります

O **いつも気にかけていただき、ありがとうございます**

POINT 「お世話になります」と言っても間違いではありませんが、日頃の感謝の気持ちを伝えるには少し物足りません。「**いつも気にかけていただき**」と感謝の理由を挙げて、シンプルにお礼を述べましょう。

気づかってくれた相手に

✕ わざわざありがとうございます

〇 **お心配りをいただき、
ありがとうございます**

POINT 「わざわざ」という言葉は、相手の配慮を不必要な
ものだと言っているように聞こえるので失礼にあ
たります。「**お忙しいところ、ご配慮いただきあり
がとうございます**」という言い方もあります。

相談に乗ってくれた相手に

✕ 長々と話を聞いてもらって……

〇 **○○さんに話してよかったです**

POINT せっかく話を聞いてもらったら、その場で何かが解
決したわけではなくてもお礼を言いましょう。「**話
してよかったです**」「**気持ちが楽になりました**」な
どと伝えれば、相手もうれしく思うはずです。

困ったところを助けてくれた相手に

✕ ○○さんのおかげで助かりました

〇 **おかげ様で、
無事に解決しました**

POINT 「助かりました」は、目上の人に言うと失礼にあた
ります。また、「○○さんのおかげで」というセリ
フは皮肉に聞こえることもあるので避けたほうが
無難。「**おかげ様で**」を使うとスマートです。

親身に面倒を見てくれた上司や先輩に

✕ すっかりお世話になりました

○ 感謝の限りです

POINT 親身に心配りや援助をしてくれた人には、「お世話になりました」だけではなく、さらに言葉を尽くして感謝を伝えたいものです。**お力添えいただき、感謝の限りです**」などとお礼を言いましょう。

上司にアドバイスをもらったとき

✕ なるほど、そうなんですね

○ 貴重なご意見をいただきまして、ありがとうございます

POINT 上司など目上の人から指摘や助言をもらったら、丁寧にお礼を言います。アドバイスの内容が的外れに感じた場合でも「**貴重なご意見をありがとうございます**」と言えば、穏便に受け流すことができます。

異動するときお世話になった上司に

✕ いろいろとありがとうございました

○ ひとかたならぬご厚情を賜りました

POINT 「ひとかたならぬ」とは「並大抵以上の」というような意味で、深い感謝を表す言葉です。異動や退職などの区切りの挨拶で使われます。他に「**ひとかたならぬお世話になりました**」という言い方も。

頼んだ仕事をうまくやってくれた相手に

❌ よい仕事、ありがとうございました

⭕ ○○さんにお願いして
本当によかったです

POINT 上から目線で褒めているかのような言い方にならないようにしましょう。特に人によって仕上がりに違いが出るような仕事の場合、「**○○さんにお願いできてよかったです**」と言うと、相手に喜ばれます。

期待以上に親切にしてくれた相手に

❌ ここまでしてくれなくてもよかったのに

⭕ まさか、
ここまでやってくださるとは

POINT 相手の対応の素晴らしさに驚いても、つい恐縮して「ここまでやってくれなくても」と言ってしまうと失礼です。「**ここまでやってくださるとは、大変ありがたいです**」と感動した口調で伝えましょう。

謝罪

謝罪の場面でうっかり口を滑らせると、相手からの印象は最悪なものになりかねません。落ち着いて言葉を選ぶことが大切です。

職場で謝るとき

✕ すみません

○ **申し訳ございません**

POINT 「すみません」「ごめんなさい」は、軽く幼稚に聞こえてしまう言い回しです。職場で、特に目上の人に謝るときは「**申し訳ございません**」「**お詫び申し上げます**」と言いかえたほうが適切です。

ちょっとしたお詫びで

✕ すみません

○ **失礼しました**

POINT 歩いていて軽く人にぶつかってしまったときや、小さなケアレスミスに謝るときなどに使える便利な言い方です。「すみません」よりも程よくかしこまって、反省の意を表すことができます。

忘れていたことを指摘されたとき

 すっかり忘れていました

○ **失念しておりました**

POINT 頼まれていた作業や期日などをうっかり忘れていたときには、「**すっかり失念しており、大変失礼いたしました**」のように謝ると、「忘れていた」と言うよりも丁寧な印象になります。

思いもよらない事態になったとき

 そこまで考えていませんでした

○ **考えが及びませんでした**

POINT 「考えていませんでした」「想定外でした」のように言うと、言い訳がましく幼稚な印象を与えます。「**考えが及ばず、申し訳ございません**」と、自分の力不足を認めて謝るのが大人の態度です。

知っておくべきことを知らなかったとき

 それは知りませんでした

○ **私の認識不足でした**

POINT 思いもよらない指摘を受けると、驚いて「知りませんでした」と言ってしまいそうですが、あまり反省していないと思われかねません。「**私の認識不足で申し訳ありません**」と自分の非を詫びましょう。

トラブルに対応してもらったあとで

✕ バタバタしちゃって……

〇 ◀ **お騒がせして申し訳ありません**

POINT ミスやトラブルに対応するために、他の人の手を 煩_{わずら}わせてしまったときや、心配させてしまったときに使えるフレーズです。他に「**ご迷惑をおかけして**」「**ご心配をおかけして**」という言い方もあります。

問題が大きくなってしまったとき

✕ ご相談しそびれていて……

〇 ◀ **もっと早くご相談するべきでした**

POINT 上司などに相談できないでいるうちに、問題が大事になってしまうことがあります。その場合は言い訳せず、「**早くご相談するべきでした**」と自分の至らなさを認めて、反省している態度を表しましょう。

恥ずかしいミスをしてしまったとき

✕ やっちゃいました

〇 ◀ **面目ありません**

POINT たとえ照れ隠しでも「すいません、やっちゃいました」などと言うと、反省していないと思われかねません。「**合わせる顔もない**」などの言葉で、素直に気持ちを表しながら謝るほうが好印象です。

気をつけていたのにミスしたとき

 ✕ 一応気をつけていたんですが……

○ 注意が足りませんでした

POINT 十分に気をつけていても、ミスは起こってしまうものです。とはいえ、謝罪するときに言い訳するのは印象がよくありません。**「注意が足りませんでした」** **「私の不注意でした」**と不手際を認めましょう。

相手が勘違いしていたとき

 ✕ 誤解させたようで……

○ 私の言葉が足りませんでした

POINT 「誤解させてすみません」などと言うと、相手が間違っていると責めているように思われかねません。**「私の言葉が足りず、申し訳ありませんでした」**と自分に原因があったと認めれば、角が立ちません。

間違いを繰り返さないと約束するとき

✕ これからは気をつけます

○ 二度と繰り返さないよう、 肝に銘じます

POINT 「肝に銘じる」とは、心に深く刻みつけるという意味です。謝罪の終わりに**「同じことを繰り返さないよう肝に銘じます」**と述べることで、深く反省して同じミスをしないと決意する気持ちが伝わります。

指導・指示

仕事を教えたり業務の指示を出したりするときに伝え方を工夫するだけで、部下のやる気や成長を引き出すことができます。

部下に作業を任せるとき

✗ ○○さんならできるよ

○ **○○さんにお任せしたいです**

POINT 相手を尊重して「あなたならできるよ」と励ましたつもりでも、相手は適当に仕事を押しつけられたように感じます。「**この仕事はあなたにお任せしたいです**」と言いかえると、信頼が伝わります。

部下に作業の指示をするとき

✗ これ、やっといて

○ **わからないことがあったら遠慮なく聞いてください**

POINT 「やっといて」だけでは、相手は仕事を丸投げされたようで不安になります。「**わからないことがあれば、遠慮なく聞いてください**」とサポートする姿勢を示せば、相手も安心して作業に臨めます。

急ぎではない仕事の指示をするとき

 時間のあるときにやっておいてくれると……

○ ─ ○時までにお願いします

POINT 相手が忙しそうなときは、遠慮をして「時間のある
ときに……」「できれば……」などとあいまいな指
示をしがちです。しかし忙しい人ほど、具体的に期
限が定められているほうが仕事をしやすいのです。

作業の質を上げてほしいとき

 ちゃんとやってください

○ ─ ここまでやってください

POINT 「ちゃんと」「しっかり」「徹底的に」のような、あ
いまいな指示はトラブルのもと。「**作業が完了した
ら報告してください**」「**誤字がないように読み返し
てください**」などと具体的に指示しましょう。

仕事の覚えが悪い部下の指導で

 これくらいわからないの？

○ ─ どうすればできそうですか？

POINT 「これくらいわからないの？」「前にも同じことを言
ったよね？」と問い詰めていては、パワハラになり
かねません。「**どうすればできそうですか？**」と相
手の考えを聞いて、話し合ってみましょう。

ゆっくり教える時間がないとき

✕ つべこべ言わずにやって

○ **まずやってみて、
わからないことは聞いてください**

POINT 時間をかけて説明を聞くよりも実際にやってみたほうが早い、ということはよくあります。「**やってみて、わからないことが出てきたら聞いてください**」と言えば、相手は安心してチャレンジできます。

実地で覚えてほしいとき

✕ 教える暇がないから見て覚えて

○ **まずは見ていればいいので、
やりながら覚えてください**

POINT 教育や指導に時間をかける気がないかのような言い方では、相手のやる気が削がれます。「**最初は見てるだけでいいので、やりながらだんだん覚えてください**」のように、道筋を示してあげましょう。

早く仕事を覚えてほしいとき

✕ 今覚えないとあとで困るよ

○ **この仕事を今月中に覚えてほしい**

POINT 相手のためを思っているつもりで「あとで困るよ」と脅すようなことを言う人がいますが、たいてい困るのは自分です。「**この仕事は今月中に覚えてください**」と具体的に要望を伝えたほうが建設的です。

部下や後輩から意見を求められたとき

 なくはないんじゃない？

 それもいいかもね

POINT はっきり判断がつかない場合でも、「なくはない」のように返すと、相手は混乱してしまいます。肯定的なニュアンスが強いなら、**それもいいかもね**」「**これもありだね**」と言うとわかりやすいでしょう。

弱音を吐いている部下や同僚に

✕ 私のときはもっと大変でしたよ

 私の経験から、役立つことがあれば伝えますね

POINT 「みんなも大変だよ」なども厳禁。励ますつもりでも、人の苦労や努力を比べるのは印象がよくありません。自分も同じような苦労をしてきたなら、経験を活かしてサポートする姿勢を示すと好印象です。

やる気を出してほしい相手に

✕ もっと頑張ってよ

 期待していますよ

POINT いくら言ってもやる気を出さない人には、「○○さんには**期待しています**」と相手の能力を認めていることを匂わせて、自尊心をくすぐります。「**実力を発揮するチャンスですよ**」などもいいでしょう。

1

職場で使える言いかえ

1

叱る・注意

たとえ相手に問題があっても、あまりに強い言い方で怒るとパワハラになりかねません。毅然（きぜん）としつつ穏やかな態度を保ちましょう。

ミスの原因を聞き出したいとき

✕ どうしてこんなミスしたの

○ 何が原因だと思いますか？

POINT 単に原因を知りたいだけでも、「どうして」「なんで」という聞き方をすると、責められているように感じる人がいます。「**ミスが起こった理由を一緒に考えましょう**」と伝えて話し合うのが理想です。

反省を促したいとき

✕ 反省してください

○ 同じミスをしないために話し合いましょう

POINT 「反省しろ」と言われても、具体的にどうしたらいいかわかりません。「**同じミスを繰り返さないためには、どうしたらいいと思いますか？**」などとたずねて、この先の対策を話し合いましょう。

仕事が進んでいない相手に

 やる気あるの？

〇 集中できていないようだけど……

POINT 「やる気あるの？」「真面目にやってるの？」などと相手を責めると、萎縮や反発を引き起こします。「**集中できていないようだけど、何か困っていませんか？**」と気づかいを示して穏便に話しましょう。

ミスを繰り返す相手に

 いい加減にして

〇 同じミスが続くと困ります

POINT イライラして感情的に叱ってしまうと、相手との関係だけでなく職場の雰囲気も悪くなります。「**これ以上同じミスが続くと、私も困ります**」のように、冷静に自分の気持ちや状況を伝えましょう。

ケアレスミスをした相手に

 しっかりしてよ

〇 ○○さんらしくないですね

POINT ちょっとした不注意などが原因で起こったミスには、呆れたり叱ったりせず、「**こんなミスをするなんて、○○さんらしくないですね**」と、普段の働きぶりを持ち上げながら、やんわりと諭しましょう。

1

職場で使える言いかえ

仕事の理解が遅い相手に

 ✕ 読めばわかるでしょ？

⭕ **資料の○ページを
よく確認してください**

POINT たとえイライラしても、相手を責めるように叱っては逆効果です。「**この点については、資料の○ページに書いてあるので、よく確認してください**」と具体的に示すことで、相手の理解も追いつきます。

重要な話を事後報告されたとき

 ✕ そんな話、聞いてないよ

⭕ **今度同様なことがあれば
事前に相談してください**

POINT 部下から寝耳に水の報告をされても、「そんな話は聞いてない！」と責任逃れはできません。「**これからは、大事なことは事前に相談してから決めるようにしてください**」と釘を刺すに留めましょう。

察しが悪い相手に

 ✕ 普通に考えたらわかるでしょ？

⭕ **私はこう思います**

POINT 「普通なら」「常識的に考えれば」のような過度な一般化は要注意。さまざまな人がいる職場では通用しません。「**私はこう思います**」「**私はこうしてほしいです**」と、自分の考えや要望を伝えましょう。

仕事が早くて大雑把な相手に

 ✕ 詰めが甘いよ

○ もう少し丁寧に
納得がいくまでやってください

POINT 一方的に「詰めが甘い」「ちゃんとして」と叱って
も、やる気は起きません。「**この仕事は重要なので、
納得できるまで丁寧にやってください**」と伝えれば、
相手は普段よりじっくり取り組んでくれます。

仕事が丁寧で遅い相手に

 ✕ のんびりやってないで

○ あとの工程があるので
少し急ぎでやってください

POINT 丁寧にするよりも急いでほしい場合は、「**あとの工
程が決まっているので**」「**取引先に確認するための
余裕が欲しいので**」のように理由を添えて注意する
と、相手は期限に間に合わせようとするはずです。

相手の行動を注意するとき

 ✕ ○○するべきだよね

○ ○○してください

POINT 「事前に調べておくべき」「10分前には来るべき」な
ど「べき」が口癖になっていると、主観を押しつけ
ていると思われかねません。相手の行動を変えたい
なら、「**こうしてください**」と伝えましょう。

質問・確認

少し聞きづらいような質問でも、わかりやす
い言葉で丁寧にたずねるように心がければ、
相手もきっと快く答えてくれます。

話の内容がわからないとき

✗ どういう意味ですか？

○ **〜ということで
よろしいでしょうか**

POINT 相手が言っている意味がわからなくても、そのまま
たずねてしまうと不躾（ぶしつけ）に聞こえます。「**それは、○
○ということでよろしいでしょうか？**」と、確認す
る形で相手に説明を求めるといいでしょう。

聞き逃したことを質問するとき

✗ えっと、何でしたっけ？

○ **念のため
おたずねしたいのですが**

POINT あからさまに話を聞いていなかった態度は、相手を
不快にさせます。念のために確認する、という体裁
で聞き返すのが適切。「**先ほどのお話を、もう一度
確認させてください**」とも言いかえられます。

十分に理解できているか自信がないとき

 よくわからないんですが

○ **私の理解不足で
申し訳ないのですが**

POINT 「よくわからない」と言うと、説明が下手だったの
かと相手に思わせてしまいます。「**私の理解不足で
申し訳ないのですが、○○について確認させてくだ
さい**」と、へりくだって説明を求めましょう。

今すぐ必要ではないが聞いておきたいとき

 一応参考までに教えてもらえますか?

○ **後学のために
お聞かせ願えますでしょうか?**

POINT 「参考」は自分の考えを決めるための材料という意
味なので、相手の話を参考にするという形で使うと
失礼です。「**後学**」は、将来に自分の役に立つ知識
のことで、相手の知識や経験への敬意を表せます。

驚いて聞き返すとき

 それって本当ですか?

 聞き間違いかもしれませんが

POINT 「本当ですか?」と聞き返してばかりいると、相手
の話を疑っているような印象を与えてしまいます。
「**私の聞き間違いかもしれませんが、○○というこ
とでしょうか**」と自分を下げて確認しましょう。

話題を変えて質問したいとき

 そういえば聞きたいんですけど

 つかぬことを伺いますが

POINT 「つかぬこと」とは、それまでの話とは関係がないことという意味です。話を切り替えたいときには、**「ところで、つかぬことをお伺いしますが」**というフレーズを覚えておくと便利です。

聞きにくいことを質問するとき

 聞いていいかわかりませんが

 立ち入ったことを伺いますが

POINT 「聞いていいかわかりませんが」というのは、聞きにくいことを聞く言い訳にはなりません。**「立ち入ったことをお伺いしますが」**は、相手の立場に寄り添って質問を切り出す定番フレーズです。

念のため確認したいとき

 忘れているかもしれませんが

 ご承知のこととは存じますが

POINT たとえ相手が忘れていそうだと思っても、そのまま言ってしまうと失礼になります。**「ご承知のこととは存じますが」「ご承知の通り」**と話し始めることで、相手に思い出してもらうことができます。

アイデアが欲しいとき

 ✕ これってどう思いますか？

○ お知恵を拝借できますか？
　　　　　　　　はいしゃく

POINT 「どう思いますか？」という聞き方は、上から目線の印象を与えます。「**行き詰まってしまったので、お知恵を拝借できないでしょうか？**」と、相手への敬意を表しながらアドバイスを求めましょう。

相手が理解しているか確認したいとき

 ✕ 今の話、大丈夫ですか？

○ 今の話で、
わからないところはないですか？

POINT 話の要所ごとに相手に確認する方法は誤解を避けるために有効ですが、言い方によっては相手を馬鹿にしていると思われます。「**今の話で、何か質問はありますか？**」などと質問を促す形なら好印象です。

意見・反論

誰かと意見を交わすときは、相手への敬意を示すことが大切です。また、言い方次第で自分の意見が通りやすくなることもあります。

控えめに意見を言いたいとき

✕ ～がいいと思います

○ ～ではいかがでしょうか

POINT ただ自分の意見を述べるだけではなく、「○○というのはいかがでしょうか？」と、相手の考えをたずねるような提案の形にしましょう。押しつけがましくなく、控えめな印象になります。

ストレートな意見を伝えたいとき

✕ 私的には

○ 率直に申しますと

POINT ストレートな意見をやわらげようと「私的には」と言う人がいますが、これは若者言葉なので職場にはふさわしくありません。「**率直に申しますと、○○だと思います**」と言いかえると適切です。

目上の人に意見を述べるとき

 ✗　ちょっと言ってもいいですか

 僕越ながら申し上げます

POINT 「僭越ながら」は、上司や先輩に少し遠慮しつつ、意見を切り出したいときに使える言葉です。他にも**「愚見を申し上げますが、○○という案はいかがでしょうか」**などと言いかえてもいいでしょう。

反対の意見を述べるとき

✗　なるほど。しかし……

それも一理ありますね。
それでは、○○はいかがですか？

POINT 反対意見の前に、相手の話を一旦受け入れると角が立ちません。「しかし」「でも」などの逆接表現は**「それでは」**などに言いかえるとさらに効果的です。**「実は、私はこう思うのですが」**などの言い方も◎。

相手の意見に賛成できないとき

✗　私は反対です

 意見が分かれるところですが

POINT 頭ごなしに反対するのではなく、人それぞれの考えがあることをほのめかしつつ自分の意見を話すことで、衝突を避けて話し合えます。**「これは見解が割れるところですが」**という言いかえもあります。

目上の人に反論するとき

✗ それっておかしくないですか

○ **お言葉を返すようですが**

POINT 上司や先輩が相手でも反論を控える必要は必ずしもありませんが、敬意を忘れないようにしましょう。さらに、「**お言葉を返すようですが、○○ではないでしょうか**」と質問の形にすると穏便になります。

相手の意見に待ったをかけるとき

✗ やめたほうがいいです

○ **こうするほうがいいと思います**

POINT 「やめたほうがいい」のような禁止する言い方は、相手の反発を招きやすいです。「**私は、○○をするほうがいいと思います**」などと、自分の意見であることを明確にしつつ、代案を出すと建設的です。

相手の意見に納得できないとき

✗ 納得しかねます

○ **いくつか確認したい点があります**

POINT どうしても納得できなくも、頭ごなしに否定しては対立を招きます。「**○○について、いくつか確認したい点があるのですが**」と互いの考えをすり合わせる姿勢を見せると、前向きな印象を与えます。

相手の間違いを指摘するとき

 ✕ それは間違ってます

**○ もし間違っていたら
ご容赦ください**

POINT 人の間違いをあまりに直接的に指摘すると、相手に気まずい思いをさせてしまいます。相手の間違いではなく自分の勘違いかもしれないが……という前置きをして、下手に出るのが大人の対応です。

自分の意見を相手が理解していないとき

 ✕ わかっていませんね

**○ こちらの説明が
不十分だったようです**

POINT 相手の理解力のせいにするのではなく、「**こちらの説明が不十分だったようです**」「**説明に行き届かない点があったようで、申し訳ありません**」と詫びてから、もう一度説明しましょう。

自分の意見を相手が誤解しているとき

 ✕ 私はそんなこと言ってません

○ もう一度説明させてください

POINT 不本意な誤解をされると、「そんなこと言ってません」と強く否定したくなりますが、これでは喧嘩腰に聞こえます。「**行き違いがあるようなので、もう一度説明させてください**」と冷静に応じましょう。

雑談・飲み会

仕事の合間の雑談や飲み会が、人間関係を左右することもあります。フレンドリーかつ節度のある話し方で、好印象を残しましょう。

バッサリと髪を切った人に

✕ 髪型、前よりよくなりましたね

◯ 髪型変えたんですね

POINT 「前よりいい」「あの人よりいい」と比較したり、「私の好みです」と自分の好き嫌いを言ったりすることは厳禁です。髪型の変化に何も言われないと気にする人もいるので、無難な言及に留めましょう。

服装が素敵な人に

✕ 今日はおしゃれですね

◯ 今日もおしゃれですね

POINT 「今日は」と言うと、いつもはダサいと思われているのかな……と気にしてしまう人もいます。また、「このあと、何か予定でもあるの？」とプライベートに言及するのは、避けたほうが安全です。

あまり知られていない話をするとき

 知らないかもしれませんが

○ ご存知かもしれませんが

POINT 特別感を出すつもりで「知らないかもしれませんが、実は……」などと言うと、情報通ぶって相手を見下しているように思われます。「**もしかしたらご存知かもしれませんが**」と、相手を持ち上げましょう。

まだ話せないことを聞かれたとき

 まだ知らなくていいですよ

○ はっきり決まったら そのときお話ししますね

POINT 「まだ知らなくていいよ」「そのうちわかるよ」ともったいぶった態度を取ると、相手は疎外感を覚えます。「**来週には確定するので、そのときお話ししますね**」と、話せる日の目処を伝えると好印象です。

秘密にしてほしいとき

 誰にも言わないでください

○ ここだけの話に してくださいますか?

POINT 「誰にも言わないで」と禁止する言い方では、後ろめたいことのようで相手を不安にさせます。「**来週の会議までは、ここだけの話にしてくれますか?**」のように言いかえることで、印象がやわらぎます。

愚痴を聞くとき

✖ それは最悪ですね

○ **そんなことがあったんですね**

POINT 「最悪ですね」「嫌ですね」と共感を表したつもりでも、相手は簡単なひと言で済まされたように感じるかもしれません。愚痴の聞き役になるときは、余計な付け足しをしないほうが賢明です。

上司や同僚に不満を持ったとき

✖ あの人、性格悪いよね

○ **○○さんは、私とは合わないと感じます**

POINT 悪口は言わないに越したことはありません。それでも苦手な人への不満を誰かに聞いてほしいときは、**「○○さんは、私とは合わないなと感じるんです」** などと、自分の気持ちを中心に話すといいでしょう。

他人の悪口に同調したくないとき

✖ いいところもありますよ

○ **どこで誰が聞いているかわかりませんから**

POINT 人の悪口をやめさせたいとき、下手に反論すると反感を買いかねません。**「どこで誰が聞いているかわかりませんから、今はやめておきましょう」** と少しおどけて言えば、事を荒立てずに済みます。

飲みに誘うとき

✕ そのうち飲みに行きましょう

 月末あたりに飲みに行きませんか

POINT 別れ際に「そのうち飲みにでも」と声をかけ合うことはよくありますが、社交辞令だと思われやすいセリフです。本当に飲みに誘いたいなら、いつ行くか具体的に都合を聞くといいでしょう。

飲み会に行きたくないとき

✕ それも仕事のうちですか？

 都合が悪いので、今回は失礼します

POINT 飲み会の誘いを断るとき、必要以上に相手との間に壁を作る言い方は避けたいところです。「**お酒の席が苦手なんです**」「**一人の時間を大切にしたいので**」などと、素直な気持ちを伝えても問題ありません。

上司や先輩におごってもらったとき

✕ こんな高そうなものを……

 思わぬ散財をおかけしました

POINT 思いがけず高価なものをおごってもらったときは、あまり恐縮しすぎるよりも、「**思わぬ散財をおかけしました。ごちそうさまでした**」と、素直に感謝を伝えると印象がよくなります。

テレワーク

ビジネスシーンでも、チャットやビデオ通話を使う機会が増えています。最新の働き方に合わせて、いつもの表現を言いかえましょう。

他の仕事で忙しいとき

✕ 今ちょっと手が離せません

◯ **今は対応できないので、◯時以降にご連絡します**

POINT テレワークでは互いの様子を見ることができないので、「ちょっと」と言われても、どの程度忙しいのか察しにくいです。対応できる時間を具体的に伝えると、相手も安心できます。

チャットで進捗を確認したいとき

✕ あの件どうなってますか？

◯ **◯◯の件は、どこまで進んでいますか？**

POINT テキストチャットでは、「どうなってますか？」という聞き方は急かしているように思われやすいので、**「どこまで進んでいますか？」**と言いかえます。「あの」「これ」などの指示語は避けましょう。

チャットで仕事を依頼するとき

 これやってください

○ ○○をお願いしたいです。
難しい場合はご相談ください

POINT 表情や声色（こわいろ）がわからない分、チャットの言葉は命令
や押しつけのように受け取られやすいので、できる
だけやわらかい言葉づかいにします。また、その都
度相手の都合を確認するように気を配りましょう。

部下が何をしているかわからないとき

 ちゃんと仕事してる？

○ 進捗状況をお知らせください

POINT サボっているのではないかと疑うような言い方は、
テレワーク中の部下にストレスを与え、互いの信頼
関係を損ないます。部下の様子がわからず不安なら、
単に仕事の進捗報告を求めるに留めましょう。

オンライン会議で音声が小さい相手に

✕ おーい、聞こえませんよ

○ 少し声が遠いようです

POINT オンライン会議で音声の不具合があったとき、自分
の不満を相手にぶつけるのは失礼です。「**声が遠い
ようです**」「**マイクが入っていないようです**」など
と、状況を伝えて相手に気づかせましょう。

相手のマイクが雑音を拾っているとき

✕　雑音がうるさいです

 周りの音が入ってるようです

POINT　話している側からは、マイクを通した音がどのように聞こえているかわかりにくいです。「**声が聞き取りづらいので確認いただけますか？**」と伝えて、場所の変更やマイクの調整をしてもらいましょう。

共有した画面がフリーズしたとき

✕　動かないんですけど

 画面がフリーズしたようです

POINT　画面共有で資料などを映していると、画面がフリーズしても話している人が気づかないことはよくあります。「**お話の途中で失礼します。画面がフリーズしたようです**」と、早めに状況を伝えましょう。

共有した画面の資料が見づらいとき

✕　文字が読めません

 資料の文字が小さいので、
拡大していただけますか？

POINT　ディスプレイの大きさは人によって違うので、自分だけ資料の文字が読みづらいこともあります。「**こちらの画面では文字が小さくて読みづらいので、拡大していただけますか？**」とお願いしましょう。

背景画像を使っている相手に

 何か隠してるの？

背景画像は
TPO に合わせてくださいね

POINT 部屋の様子を見せないために背景画像を使う人もいますが、無理に理由を詮索するのは厳禁です。どうしても気になる場合は、仕事の場にふさわしい画像を使うように注意するだけに留めましょう。

オンライン会議中に声や物音がしたとき

 誰かいるんですか？

ご家族のことで何かあれば、
遠慮なく言ってくださいね

POINT 「誰かいるんですか？」「お子さんですか？」などと聞くと、相手を萎縮させてしまいます。「**何かあれば遠慮なく言ってください**」「**お子さんとご一緒でも構いませんので**」と配慮できると好印象です。

オンライン会議で反応が薄い相手に

 ぼんやりしてないで

聞こえづらかったら
遠慮なく言ってくださいね

POINT オンライン会議では、相手が十分に集中できているかわかりにくいです。とはいえ、いきなり叱責しては信頼を損ないます。「**聞こえづらかったら言ってください**」と伝えて、意識を向けさせましょう。

どうして言いかえるのか？

「また、何かあったら連絡します」

　私がコンサルタントをしている会社でも、このように話す部長がいましたが、私はすぐに言いかえるようにアドバイスしました。「何かあったら連絡」するということは、何もなければ連絡しないと受け取れます。相手はそれをすぐに察し、「何か不手際があったのかな」と不安になります。問題は、そう話す部長には決して悪気がなかったことです。

　無意識に使っている言葉が人の心を傷つけることほど残念なことはありません。言葉というものは、使い方を間違えると、長く続いていた信頼に取り返しのつかないヒビを入れるものなのです。

　無意識で使っていたネガティブな表現を、意識的にポジティブに言いかえてみましょう。きっとあなたの人間関係にポジティブな変化があらわれるはずです。

第 2 章

顧客や取引先に信頼される

ビジネスに効く
言いかえ

お客様や取引先が相手のときは、特に言葉に
気をつけている人が多いでしょう。それでも、
よかれと思って放ったひと言が、知らずに信
頼を損ねてしまっていることはよくあります。
その余計なひと言を、相手の信頼を勝ち取る
気の利いたセリフに言いかえましょう。

挨拶・名刺交換

社外の人とのやり取りでは、自分が会社の顔です。挨拶や名刺交換を洗練させることで、相手からの信頼がより厚くなります。

名前を知らない初対面の相手に

✕ はじめまして

○ 初めてお目にかかります

POINT 「はじめまして」と言っても間違いではありませんが、「初めてお目にかかります」のほうがより大人の印象です。特に目上の人や偉い人には「**お初にお目にかかります**」と言うとさらに丁寧になります。

名前を知っている初対面の相手に

✕ 噂には聞いております

○ ご高名はかねがね伺っております

POINT 「噂」などと言うと、相手を持ち上げるつもりが、何か悪い噂でも言われているのではないか……と相手から疑われてしまいかねません。「**ご高名はかねがね**」は、相手への敬意を表す定番フレーズです。

名刺交換で

 私、こういう者です

○ □□社 営業部の○○と申します

POINT 「こういう者」と省略するのは大変失礼です。名刺を手渡すときは、自分の所属と名前を口頭でも述べましょう。相手よりあとに名刺を渡す場合、「**申し遅れましたが**」と初めに添えるとさらに丁寧です。

相手の名刺の名前が読めないとき

 何て読むんですか

○ どのようにお読みしたらよろしいでしょうか

POINT 相手の名前があきらかに難読漢字だったとしても、馴れ馴れしく聞いては印象がよくありません。「**大変失礼ですが、お名前はどのようにお読みしたらよろしいでしょうか**」と礼儀正しくたずねましょう。

名刺を忘れたとき

✕ 名刺を忘れてしまって

○ ただいま名刺を切らしておりまして

POINT そのまま「名刺を忘れた」と言うのは避けましょう。「**ただいま名刺を切らしておりまして、ご挨拶だけで失礼いたします**」などが大人の言い方です。帰社後、必ず相手に連絡先を伝えるようにしましょう。

訪問先から帰るとき

 ✕ それでは、また

**本日は貴重なお時間をいただき
ありがとうございました**

POINT あまり気さくな挨拶はふさわしくありません。訪問先で用事を終えて帰るときは、「**本日は貴重なお時間をいただきまして、ありがとうございました**」と相手への感謝を述べてから立ち去りましょう。

見送ってくれた相手に

 ✕ 失礼します

それでは、こちらで失礼します

POINT 玄関先やエレベーターまで見送ってくれた相手に、ここまでで結構ですという意味合いを込めて「**こちらで失礼します**」と言います。「**お見送りいただき、ありがとうございます**」と添えても◎。

訪問先で久しぶりに会った相手に

 ✕ どうもお久しぶりです

その節はお世話になりました

POINT 過去に一緒に仕事をした相手に偶然会ったら、ただ「お久しぶりです」とだけ言って済ますのではなく、「**その節はお世話になりました。またよろしくお願いします**」とお礼の言葉を加えると好印象です。

新しく着任したときの挨拶

✕ 何かとご迷惑をおかけしますが……

**○ お役に立てますよう、
全力を注いでまいります**

POINT 取引先には、あまり謙遜しすぎると信用されづらく
なり逆効果です。「**前任者に引き続き、お役に立て
るよう全力を注いでまいります。よろしくお願いし
ます**」と、頼りがいのある挨拶をしましょう。

担当者変更の挨拶

✕ 担当が変わりました

○ 新しく担当になりました○○です

POINT ただ担当変更を伝えるだけでは不親切です。きちん
と自己紹介をして、誠実に挨拶をしましょう。さら
に、「**ご不明な点はございませんか**」などと気づか
う言葉を続けると、相手に安心感を与えられます。

異動になったときの挨拶

✕ あまりお役に立てず、すみませんでした

**○ ご愛顧いただきまして、
ありがとうございました**

POINT 取引先との関係が実際にあまり親密ではなかった
としても、最後まで後ろ向きでは、次の担当者にま
でよくない印象を引きずってしまいます。挨拶では、
素直にお礼を述べるのが無難です。

依頼

社外の人に仕事を依頼するときは、相手の都合に配慮しつつ自分の要望を明確に伝えて、交渉することが求められます。

頼みにくい依頼をしたいとき

✕ 面倒な頼みですみませんが

○ **このようなお願いをするのは忍びないのですが**

POINT 引き受ける前から「面倒な頼み」と言うと、相手を尻込みさせてしまいます。「**このようなお願いをするのは忍びないのですが**」と言ったあとに依頼の内容を続ければ、申し訳ない気持ちが伝わります。

無理なお願いをしたいとき

✕ 図々しいお願いですみませんが

○ **不躾なお願いで恐縮ですが**

POINT こちらから予防線を張ったつもりでも、本当に図々しいと相手に思われてしまえば逆効果です。「**不躾なお願いで恐縮ですが**」と切り出せば、失礼を自覚して申し訳なく思っていることを表せます。

自分の都合でお願いするとき

 一方的なお願いですが

○ 勝手を申し上げて恐縮ですが

POINT 自分の都合に合わせてもらいたいときには、恐れ入る姿勢を示して相手に受け入れてもらいましょう。他に、「**厚かましいお願いで恐縮ですが**」という言いかえもできます。

引き受けてもらいにくそうなとき

 難しいとは思いますが

○ 無理を承知でお願いいたします

POINT 引き受けてもらうのが難しい依頼をするときは、「**誠に失礼ながら、無理を承知でお願いいたします**」と毅然とした態度で臨みましょう。こちらの覚悟が相手に伝わり、聞き入れてもらいやすくなります。

遠慮しつつお願いしたいとき

 できればお願いします

○ 差し支えなければ、
お願いできないでしょうか

POINT 「できれば」と言うと少し幼い印象になってしまいます。相手の都合に配慮してお願いしたいときは、「**差し支えなければ、もう少し詳しくお聞かせ願えませんか？**」のようにたずねるといいでしょう。

書類や資料を送るとき

✕　お受け取りください

○　**ご査収のほど、
よろしくお願いいたします**

POINT　「査収」とは、内容をよく確かめて受け取るという
意味で、「**ご査収ください**」などのようにビジネス
シーンでよく使われる言葉です。取引先に書類など
を送るときに使うと、洗練された印象になります。

相手に来てほしいとき

✕　来てください

○　**お越しいただけないでしょうか**

POINT　打ち合わせなどで相手に自分の職場へ来てもらい
たいとき、「来てください」では不遜に聞こえます。
「**おいでいただけないでしょうか**」「**ご足労いただけ
ないでしょうか**」と言いかえてもいいでしょう。

会って話したいとき

✕　会えませんか

○　**お目通り願えますでしょうか**

POINT　メールや電話ではなく会って話すアポイントメン
トを取りたいとき、「会えませんか」では馴れ馴れ
しすぎます。「**お目通り願えますか**」「**お目にかかり
たいのですが**」などと言いかえると適切です。

どうしても引き受けてほしいとき

 そこをなんとかお願いします

 伏してお願い申し上げます

POINT 相手に強くお願いしたいときは、「そこをなんとか」のような軽薄な印象の言葉ではなく、「**伏してお願い申し上げます**」「**切にお願い申し上げます**」と格式張った言葉のほうが気持ちが伝わります。

事情をわかってほしいとき

 お察しください

 どうかお汲み取りください

POINT 言いにくい事情があったとしても、何でも相手に察してもらおうとするのは印象がよくありません。できる限り事情を説明した上で、「**どうかお汲み取りください**」と配慮を頼むのが大人の態度です。

締め切りを延期してほしいとき

 延ばしてもらえませんか

 ご猶予をいただけるとありがたいのですが

POINT 仕事を始める段階で、無理のない締め切りを交渉しましょう。「**この日数では厳しいので、あと○日のご猶予をいただけるとありがたいのですが**」と具体的な日数を伝えると、さらに信頼感が増します。

承諾・断る

顧客や取引先の信頼や期待に応えるためにも、快く依頼を受けたいところです。断る場合でも、次回につながる言い方をしましょう。

快諾するとき

✕ やります

○ **喜んでお受けいたします**

POINT ただ「やります」「お受けします」だけでは素っ気ない印象です。「**喜んでお受けいたします**」とするだけで、快く仕事を受けたい気持ちが伝わり、相手からの印象がよくなります。

いつもの仕事を頼まれたとき

✕ わかりました

○ **お任せください**

POINT 日頃から取引をしている相手だからこそ、単調な返事ばかりでは相手の印象に残りません。「**お任せください**」と言いかえることで、信頼感が強くなり、相手を安心させることができます。

新しい仕事を受けるとき

 ✗ ありがとうございます

○→ 大変光栄でございます

POINT　新規の取引先からの依頼や、得意先から新しい仕事の話を持ちかけられたら、一段上の表現で感謝を表現しましょう。他に、「**ご用命いただきありがとうございます**」という言い方も好印象です。

やりたい仕事を依頼されたとき

 ✗ やりたかったんです！

○→ 願ってもないお話です

POINT　自分の得意分野や実力が認められて仕事を依頼されたら、とてもうれしいものです。子どもっぽい言葉づかいにならないように、「**願ってもないお話です**」と落ち着いて喜びの気持ちを伝えましょう。

頑張る姿勢を示したいとき

 ✗ 頑張ります！

○→ 精一杯努めさせていただきます

POINT　依頼してくれた相手の期待に応えたいという意気込みをを表すなら、「頑張ります！」よりも「**精一杯努めさせていただきます**」「**ご期待に沿うよう全力を尽くします**」と言うと誠意が一層伝わります。

仕方なく依頼を受けるとき

 ✕ あまり期待しないでください

○ ご期待に添えるよう努めます

POINT 自信がない仕事を仕方なく引き受ける場合でも、後ろ向きな言葉は避けたいものです。自信はないけれど可能な限りで、という含みを持たせつつ**「ご期待に添えるよう努めます」**と言いかえましょう。

その場で判断できないとき

 ✕ できたらやります

○ 可能かどうか確認して、後ほどご連絡します

POINT 引き受けられるか不明なときに、「できたらやります」とあいまいな返事をするとトラブルのもと。**「確認して後ほどご連絡します」「社内で検討してからお返事します」**と一旦保留すると安心です。

返事を待ってもらったとき

 ✕ お引き受けできます

○ お引き受けできる見込みが立ちました

POINT 相手を一度待たせてから承諾の返事をするときは、**「なんとか、お引き受けできる見込みが立ちました」**と伝えると、待ってもらっている間、相手のために各所に調整していたとほのめかすことができます。

やんわりと断りたいとき

 ちょっとこの仕事は……

 今回は見送らせてください

POINT 依頼を断りたいが、次の機会にもつなげたい場合、**「今回は見送らせてください」「この度はお役に立てず残念です」**と、今回だけであることを強調すると、やんわりと断ることができます。

条件が合わないとき

 うちではこれは無理です

この条件ですと、
お受けするのは厳しいです

POINT **「無理です」**という強い言い方をすると、条件を交渉する余地もなくなってしまいかねません。相手の提示した条件を受けて、**「この条件ですと、お受けするのは厳しい状況です」**と率直に伝えましょう。

次の依頼につなげたいとき

 またの機会にお願いします

 次の機会がありましたら
お手伝いさせてください

POINT 一度きっぱりと断ってしまうと、次の仕事の依頼が来なくなる恐れがあります。**「今回は残念ですが、次の機会がありましたらお手伝いさせてください」**と、今後も取引を続けたい意思を示しましょう。

お礼・感謝

深い感謝の気持ちが伝わる言葉でお礼をすることで、また同じ会社から購入したい、仕事を依頼したいと思ってもらえるでしょう。

▼

丁寧に感謝を伝えたいとき

✕ ありがとうございます

○ **心より御礼申し上げます**

POINT お客様や取引先に感謝を伝えるときは、程よく格式高い言葉に言いかえたほうが丁寧な印象になります。「**心よりお礼申し上げます**」「**深く感謝申し上げます**」なども同じように使えます。

謙遜しながら感謝するとき

✕ すみません

○ **痛み入ります**

POINT 「すみません」と謝ってばかりいると、相手に余計な気をつかわせてしまいます。相手の思いやりを申し訳なく思いつつ感謝を伝えたいなら、「○○**様のご厚情に痛み入ります**」と言いかえてみましょう。

特別な配慮をしてもらったとき

 気をつかってもらって……

ご高配(こうはい)を賜(たまわ)り、
誠に感謝いたします

POINT 「ご高配」は、相手の心づかいや配慮に敬意を表す言葉で、基本的に書き言葉で使います。口頭で感謝を伝えるなら、「**この度は、格別のご配慮をいただきありがとうございます**」などと言いかえましょう。

ちょっとしたミスを指摘されたとき

 教えてくれて助かります

親切に注意していただき、
ありがとうございます

POINT 「助かります」は、上から目線に見える恐れがあるので取引先に使うには不適切です。相手から注意を受けたら、「**親切に注意していただき、ありがとうございます**」と素直に感謝して反省しましょう。

指摘や依頼に応じてもらったとき

 確認しました

さっそくのご対応、
ありがとうございます

POINT こちらから相手のミスに気づいた場合でも、すぐに対応してくれることを当然だと思わずに、お礼を述べると好印象です。「**さっそくのご対応、ありがとうございます**」などが定番フレーズです。

得意先に

 いつもありがとうございます

 **日頃からご愛顧いただき
ありがとうございます**

POINT 「愛顧」とは特別に引き立ててもらうことを指し、日頃から取引のある相手に使う言葉です。単にお礼を言うより、お客様としての相手を大事にしている姿勢を示しながら、感謝を伝えることができます。

報告やお知らせに続けて

 皆様のおかげです

 **これもひとえに、
皆様のご支援の賜物です**

POINT 「ひとえに」や「賜物」などの表現を使えば、特別に深い感謝の意が伝わります。「**本プロジェクトがこのような成果を収めることができたのは、ひとえに皆様のご支援の賜物です**」のように言います。

お礼の贈り物をするとき

 つまらないものですが

 **心ばかりの品ですが、
お納めください**

POINT 「つまらないものですが」は定番の言い方ですが、近頃は謙遜が行き過ぎていると思われることが多くなりました。他にも、「**ほんの気持ちです**」と伝えながら贈り物を渡しても、控えめで好印象です。

手土産をもらったとき

 わざわざご丁寧にすみません

 お心づかいに感謝いたします

POINT 「わざわざご丁寧に……」という言い方では、余計なことをしてしまったと相手に思わせてしまいます。「**お心づかいをいただき、誠にありがとうございます**」などと、素直に感謝を伝えましょう。

贈り物や接待などを断るとき

 ありがたいんですが……

 お気持ちだけ
ありがたく頂戴いたします

POINT 会社の規定などで、品物を受け取れない場合もあるかもしれません。感謝の気持ちは伝えつつ、はっきりと断りたいときに、「**お気持ちだけ、ありがたく頂戴いたします**」というフレーズが便利です。

謝罪

社外の方に謝罪しなければいけないときは、どうしても緊張や焦りが生じます。冷静に言葉を選んで、信頼回復につなげましょう。

かしこまった謝罪をするとき

✕ 大変申し訳ございません

○ 謹(つつし)んでお詫び申し上げます

POINT 取引先やお客様に重大な損害を与えてしまったときなど、正式な謝罪の場面では格式ばった言葉で真摯(しんし)な姿勢を示します。「**謹んでお詫び申し上げます**」は、特に文書などで多く使われるフレーズです。

事情を述べて謝罪するとき

✕ 〜という事情で申し訳ありません

○ 陳謝(ちんしゃ)いたします

POINT 「陳謝」は、事情を述べて詫びるという意味です。「**この度の事故は当社の管理不足によるものです。ご迷惑をおかけしましたこと深く陳謝いたします**」のように、公式に理由を説明するときに使います。

取り返しのつかないとき

 ✕ いくら謝っても仕方ないですが……

○ **お詫びして済む問題ではないと重々承知しております**

POINT 謝っても取り返しのつかない重大なトラブルでも、起こした本人が「仕方ない」と言っては不興を買います。「**お詫びして済む問題ではないと重々承知しておりますが……**」のあとに、謝罪を重ねましょう。

許してもらいたいとき

 ✕ どうか許してください

○ **平_{ひら}にご容赦願います**

POINT 相手にどうにか許してもらって今後の付き合いを続けたいときは、かしこまった言い方で許しを乞いましょう。こちらの過失などを十分に謝罪してから、「**平にご容赦願います**」と平身低頭で頼みます。

対面で謝罪したいとき

✕ 近いうちにお詫びに伺います

○ **すぐお詫びに伺います。本日はお時間いただけますか**

POINT 相手に重大な迷惑をかけた場合、メールや電話で済まさずに、できるだけ早く対面で謝罪に行ったほうがいいことがあります。先延ばししないで、当日中の都合を相手に確認しましょう。

反省しているとき

✕ 気をつけます

○ ► 肝に銘じます

POINT 注意や忠告を受けたら、反省して今後に活かそうとする意思を示しましょう。「肝に銘じる」はしっかりと心に刻むという意味で、「**ご指摘を肝に銘じ、今後は細心の注意を払います**」のように使います。

深く反省しているとき

✕ 反省してます

○ ► 猛省しております

POINT 「猛省」は、反省の気持ちをさらに強調する言い方です。「**この度の一件につきまして、猛省している次第です**」のようにも言います。特に手紙やメールなどで使うと効果的です。

部下のミスを謝るとき

✕ うちの若い者が迷惑をかけました

○ ► 私の監督不行き届きでした

POINT 「うちの若い者が」とあくまで部下のせいにしていては、無責任な上司に見えます。「**私の監督不行き届きでした。今後も同じことを繰り返さないよう、指導してまいります**」と自分の責任を認めましょう。

相手を怒らせてしまったとき

 怒らせてしまったようで……

ご気分を害してしまい、 誠に申し訳ございませんでした

POINT 「怒らせてしまったようですいません」と謝っても、怒っている理由を理解していないように聞こえるので、相手をさらに不快にさせます。相手を怒らせる失態をした自分の責任を認めて謝罪しましょう。

知識不足を謝るとき

 まだあまり知らなくて……

不勉強で 申し訳ございません

POINT 取引先の質問に答えられないときなど、自分の知識不足や経験不足により相手に迷惑をかけたら、「知らない」「わからない」で済ましてはいけません。**不勉強で申し訳ございません**」と謝りましょう。

遅刻したとき

 お待たせしました

お待たせいたしまして、 大変申し訳ございません

POINT 「お待たせしました」だけでは、謝罪の意味は含まれていません。取引先との約束に遅刻してしまったら、「**お待たせしてしまいまして、大変申し訳ございませんでした**」と丁重にお詫びしましょう。

忠告・催促

仕事を円滑に進めるために、言いにくいことを伝えなければいけないこともあります。角が立たない大人の言葉を身につけましょう。

急いでほしいとき

✕ 早くしてください

〇 **急かすようで
申し訳ないのですが**

POINT 相手の仕事が遅くて焦っていても、あからさまに急かすと角が立ちます。「**急かすようで申し訳ないのですが、その後いかがでしょうか**」と進捗を確認をすることで、婉曲（えんきょく）に急いでほしいと伝えます。

返事を催促するとき

✕ 先日の件、どうなってますか

〇 **○○の件について、
ご検討いただけましたでしょうか**

POINT 「どうなってますか」では責めているようにも聞こえます。まず「**ご検討いただけましたでしょうか**」と相手の状況を確認してから、「**ご一報いただけましたら幸いです**」とこちらの要望を伝えましょう。

84

入金を催促するとき

 入金がまだですけど

行き違いでしたらご容赦ください

POINT 相手が入金を忘れているのではないかと思っても、そのまま伝えては失礼です。「**行き違いでしたら恐縮ですが、ご入金が確認できていないようです**」と様子を伺ってみましょう。

改善してほしいとき

 なんとかしてください

～していただけると助かります

POINT 命令口調を避けながら、どのように改善してほしいのかを具体的に伝えましょう。例えば「**次回は期日を守っていただけると助かります**」「**早めに来ていただけると助かります**」のように頼みます。

細かい指摘をするとき

 ちょっと気になったんですが

些細なことで恐縮ですが

POINT 「**些細なことで恐縮ですが**」と遠慮がちに切り出すことで、偉そうな態度に見えないよう気をつけましょう。相手に寄り添って、「**私もよく間違えてしまうんですが**」などと言いかえても好印象です。

相手が間違っているとき

✕ 話が違います

 お約束と違うようですが

POINT 相手が約束とは違うことをしていたり言っていたりしても、感情的にならずに冷静に指摘しましょう。**「私の記録では、○○となっておりますが」**とメモや記録を元に伝えると説得しやすいです。

迷惑していると伝えるとき

✕ 迷惑しています

 大変困惑しております

POINT 直接的な言葉を避けつつも毅然とした態度を取り、**「ご連絡をいただけないことで大変困惑しております」「納品の遅れにより業務に支障をきたしております」**などと、困っていることを明確に伝えます。

無理な要求をしてくる相手に

✕ こちらのことも考えてください

 **ご配慮いただけると
ありがたいのですが**

POINT 無茶な要求をしてくる取引先には、感情的にならないように気をつけましょう。冷静に自社側の事情を説明して**「ご配慮いただけるとありがたいのですが」**と頼めば、受け入れてもらいやすいです。

大変なのはわかりますが

○ 何かご事情がおありとは
思うのですが

POINT 「**何かご事情がおありとは思うのですが**」「**諸事情お
察ししますが**」などと前置きして、相手への配慮を
示しましょう。厳しい忠告や注意をしても、穏便に
受け入れてもらいやすくなります。

反省している相手に

 今後は気をつけてください

○ 一緒によいものにしましょう

POINT 忠告を受けて反省している相手に、さらに追い打ち
をかけるのは逆効果です。相手に寄り添いながら、
「**これから、一緒によいものにしていきましょう**」な
どと伝えると、相手の気持ちが引き締まります。

念を押したいとき

 くれぐれもお願いしますよ

○ お含みおきください

POINT 「**お含みおきください**」は、心に留めておいてほし
いことを伝える尊敬表現で、念押ししたいときに使
える便利なフレーズです。「**あらかじめご了承くだ
さい**」とも言いかえられます。

2

ビジネスに効く言いかえ

87

商談・打ち合わせ

相手の会社などを訪問して話をすることがあります。互いの要望や意見をすり合わせて、両者が納得できるビジネスをしましょう。

企画や商品の説明をするとき

✕ まず○○です。また△△もあります

○ **○○について、特長は3点あります**

POINT 説明をするとき、伝えたい内容を羅列するように話すとわかりにくくなりがちです。初めに要点の数を挙げてから詳しい説明を始めることで、相手が話に集中しやすくなります。

説明の終わりに

✕ 以上で終わります

○ **ご不明な点はございませんか**

POINT 説明が終わったら、質問したいことがないか相手に確認しましょう。説明が長い場合には、要所ごとに**「今までの説明で、ご不明点はありませんか」**とたずねると親切です。

決めきれない様子の相手に

 ❌ どうしますか

⭕ **御社にとっても
損はない話だと思います**

POINT　相手に決断を迫りたいとき、「どうしますか」では
少し押しが足りません。相手が煮えきらない様子な
ら、「**御社にとっても、損はない話だと思います**」と
強気にもうひと押ししてみましょう。

反応がよくない相手に

 ❌ だめでしょうか

⭕ **忌憚（きたん）のないご意見を
お聞かせください**

POINT　説明を聞いた相手の反応がいまいちな場合も、漠然
とした否定的な聞き方は避けましょう。相手から、
率直な考えや具体的な指摘をもらうことで、前向き
に話を進めることができます。

折り合いがつかないとき

❌ 埒（らち）が明きませんね

⭕ **持ち帰って、
再提案させていただきます。**

POINT　話し合いが膠着（こうちゃく）してその場で結論が出ないときは、
「**一旦持ち帰って、再提案させていただきます**」と
潔く切り上げましょう。提案を受ける側の場合は、
「**持ち帰って社内で検討します**」などと伝えます。

接待・会食

仕事のお付き合いで食事会や飲み会をすると
きは、大事な取引先に失礼のないように、言
葉づかいには十分に気を配りましょう。

取引先の人を酒席に誘うとき

✕ 接待したいのですが

○ **一席設けさせて
いただきたいのですが**

POINT 取引先の人をもてなすとき、「接待」という言葉を
使うと印象がよくありません。婉曲表現を使って、
**「一席設けさせていただきたいのですが、ご都合を
お聞かせ願えませんか」**と誘うのが大人です。

上司と一緒に接待を受けるとき

✕ 私も行かせていただきます

○ **ご相伴にあずかります**

POINT 上司に誘われて一緒に接待を受けるときは、「私も
行かせていただきます」と言うと少し図々しい印象
です。**「ご相伴にあずかります」**と言いかえれば、謙
虚な姿勢を表せます。

飲食を始めるとき

 どうぞ食べてください

 どうぞ、召し上がってください

POINT 相手が遠慮しないよう、もてなす側から声をかけて食事を始めましょう。接待相手には「**召し上がってください**」と正しく尊敬語を使います。お酒をすすめながら「**まずは一献**」と言っても素敵です。

料理を注文するとき

 何にしますか

 何かお好みはございますか

POINT コース料理ではなくアラカルトで料理や飲み物を注文する場合、もてなす側が注文を取りまとめます。「**何かお好みはございますか**」と声をかけ、相手の好みを確認してからメニューを選びましょう。

料理の感想を聞きたいとき

 味はいかがですか

 お口に合いますでしょうか

POINT 料理の味の良し悪しをそのままたずねると、相手は答えにくいものです。相手の様子に気をつかいながら、「**○○さんのお口に合いますでしょうか**」などとあくまで好みに合うかどうかを聞きましょう。

2
ビジネスに効く言いかえ

お酌をするとき

✕ どうぞどうぞ

○ **おひとつ、いかがですか**

POINT 酒席では親しみやすい雰囲気が必要なこともありますが、あまりグイグイとお酒をすすめると相手が引いてしまいます。「**おひとつ、いかがですか**」という定番フレーズで、気さくにお酌をしましょう。

お酒を断るとき

✕ 飲めないので結構です

○ **あいにく不調法(ぶちょうほう)なもので**

POINT お酒が苦手なら、ただ「飲めないので」と断るより「**あいにく不調法なもので**」と残念さをにじませると大人の印象。「**代わりにおいしい料理をいただいています**」と続ければ相手に気をつかわせません。

お酌を断るとき

✕ もういいです

○ **お構いなく**

POINT これ以上飲みたくないときに、空いたグラスにお酒を注がれそうになったら、「**どうぞお構いなく**」とやんわり断りましょう。しつこくすすめられたら、「**もう十分飲みましたので**」とはっきり伝えます。

相手がお酌をしてくれたとき

 そんな、いいですよ

〇 恐れ入ります

POINT 相手がお酌してくれた場合、遠慮して断るのは失礼になります。目上の人からのお酌を受けるときは、「〇〇さんから直々に恐れ入ります」とお礼を伝えます。グラスは両手で持つよう気をつけましょう。

おごりを申し出るとき

 こちらで払いますから

〇 こちらの顔を立てさせてください

POINT 「払います」などの直接的な言葉を避けたほうが、相手が遠慮しすぎずに済みます。自分がもてなす側の場合は、「お誘いしたのはこちらですから」と言うとスマートな印象になります。

相手のおごりを断る

〇 私の分は払います

〇 かえって気づまりですから

POINT 相手の好意をむげに断ると、相手の気分を害することもあります。今後もいい付き合いを続けたいという気持ちを込めて、「かえって気づまりですから」「ぜひまたご一緒したいので」などと伝えましょう。

雑談・社交辞令

ちょっとした雑談や褒め言葉によって取引先やお客様と良好な関係を築くことが、その後の仕事を円滑に進めるために役立ちます。

感心したとき

✕ なるほどですね

○ **勉強になります**

POINT 丁寧な相槌のつもりで「なるほどですね」と言う人がいますが、不自然なだけでなく、軽薄な印象を持たれることもあります。相手への敬意を込めるなら、「**勉強になります**」と言いかえましょう。

同調したいとき

✕ 確かに

○ **おっしゃる通りです**

POINT 取引先や目上の人へ「確かに」と返事をするのは、失礼だと思われることもあります。相手の話に同調するなら、「**おっしゃる通りです**」「**全くその通りです**」などと答えましょう。

自慢話に

 へえ、いいですね

 羨ましい限りです

POINT 自慢話を聞いているときは、投げやりな相槌にならないよう気をつけましょう。「**羨ましい限りです**」と言うと、喜んでもらえることが多いです。ただし、あまり繰り返すと卑屈に聞こえてしまいます。

めでたい話に

 よかったですね

 それはなによりです

POINT 「よかったですね」と言うと上から目線に思われやすいので、「**それはなによりです**」などと言いかえるといいでしょう。相手にとって喜ばしい話を聞いたら、嬉しい気持に寄り添うと好印象です。

苦労話に

 わかります

 お察しいたします

POINT 共感を表そうとして「わかります」とばかり言っていると、お前に何がわかるんだと反感を買う場合があります。相手の苦労を想像して思いやるように、殊勝に「**お察しいたします**」と伝えましょう。

相手の印象を褒めたいとき

 ✕ かっこいいです

O ▶ 頼もしいですね

POINT 「かっこいいです」「素敵です」などの褒め言葉は容姿を品定めするように聞こえるので、誤解されやすいです。**「物腰やわらかですね」「威厳がありますね」**などと印象や雰囲気を褒めると無難です。

仕事の出来を褒めたいとき

 ✕ すごくいいですね

O ▶ さすがプロの仕事ですね

POINT 相手の仕事ぶりを褒めるなら、「いいですね」だけでは物足りません。**「さすがプロの仕事ですね」**と伝えると喜ばれます。アイデアなどを褒めるなら、**「視点が斬新ですね」**などもいいでしょう。

仕事ぶりを褒められたとき

 ✕ 大したことないです

O ▶ 励みになります

POINT せっかく褒めてくれたことを「大したことない」と言うのは嫌味に聞こえます。謙虚な姿勢を表すなら、**「励みになります」**と言いかえましょう。**「おかげ様で」**と相手に感謝を示しても好印象です。

褒められて謙遜するとき

 いえいえ、そんな……

O → **もったいないお言葉です**

POINT たとえ謙遜するつもりでも、相手の褒め言葉を否定しすぎると印象がよくありません。相手への敬意と感謝の気持ちを込めて「**もったいないお言葉です**」と言いかえるとスマートです。

褒め返すとき

 ○○さんこそ、すごいです

O → **○○さんのような方に
褒めていただけて光栄です**

POINT 相手を単に褒め返そうとすると、白々しい雰囲気になりがちです。「**○○さんに褒めていただけて光栄です**」「**○○さんに比べればまだまだです**」などと相手を立てる受け答えをしてみましょう。

もったいない お言葉です……

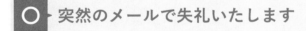

シーン

メール

ビジネスの場では、メールや電話に特有の言葉や配慮が必要になることもあります。迷わずに使いこなせるようになりましょう。

初めてメールを送る相手に

✕ はじめまして

○ **突然のメールで失礼いたします**

POINT 「はじめまして」という挨拶は、文章では軽い印象に見えます。初めての相手にメールを送るときの挨拶は、「**突然のメールで失礼いたします**」「**初めてメールさせていただきます**」などが定番です。

ビジネスメールの文中で

✕ 〜させていただきます

○ **〜いたします**

POINT 「させていただきます」が連続する文章は、長くて読みにくい上に、恩着せがましい印象を持たれることがあります。例えば「**連絡させていただきます**」は「**連絡いたします**」に言いかえれば十分です。

新しい取引先に

 次回 MTG は○時でフィックスです

○ 次回の打ち合わせは、
○時開始で確定します

POINT 「MTG」などの略語や「フィックス」などのカタカ
ナ語は、人によって知らなかったり違う意味で使っ
ていたりします。新しい取引先など、まだ相手をよ
く知らないうちは、使わないほうが無難です。

週末に送るメールで

 お返事は休み明けで結構です

○ お返事は
3営業日以内にいただけますか

POINT 相手に気をつかって「休み明けで結構です」と書く
人がいますが、休日まで働けということか、と勘違
いされてしまいかねません。休日を数えずに「○**営
業日以内に**」とすることで、誤解を避けられます。

至急の連絡をするとき

 取り急ぎご連絡まで

○ 取り急ぎのご連絡で
失礼いたします

POINT たとえ急いでいても省略した表現は避けて、「**取り
急ぎのご連絡で失礼いたします**」と書きましょう。
「取り急ぎ」は、一時的に急いで対応する意味合い
があるので、あとで必ず詳しい連絡をします。

電話

電話では相手の顔が見えない分、言葉選びが
一層大事です。取次や伝言が必要な場合も、す
れ違いが起こらないよう気をつけましょう。

自分から電話をかけたとき

✕ ○○の件ですが……

◯ **お時間をいただいて
よろしいでしょうか**

POINT 相手がすぐに出てくれても、いきなり用件を話し始
めるのではなく相手の都合を確認しましょう。また、
時間が夜なら「**夜分遅くに失礼します**」、早朝なら
「**朝早くに失礼します**」と謝ることも忘れずに。

電話を取り次いでもらうとき

✕ ○○さんいますか

◯ **○○様は
いらっしゃいますでしょうか**

POINT 話したい相手がよく知っている人でも、取次をお願
いする人にまで馴れ馴れしくならないよう気をつ
けましょう。「**恐れ入りますが、○○様はいらっし
ゃいますか**」と聞いて取り次いでもらいます。

話したい相手が不在のとき

 では結構です

○ **後ほどあらためまして、
私のほうからお電話いたします**

POINT 自分からかけ直すのか、相手から折り返してもらい
たいのか、明確にするようにしましょう。伝言や折
り返しが不要の場合は、「**電話を差し上げた旨のみ
お伝えいただけますか**」などと伝えると親切です。

同じ相手に何度も電話するとき

 さっき言い忘れたことがあって

○ **たびたび恐れ入ります**

POINT 一度電話を切ったあと、すぐにもう一度電話をする
場合は、「**たびたびのお電話で恐れ入ります**」「**何度
もおかけして失礼します**」などと短く謝ってから本
題に入ると、印象がよくなります。

伝言してほしいとき

✕ ～と伝えておいてください

○ **恐れ入りますが、
伝言をお願いできますか**

POINT 伝言をお願いする場合、いきなり用件を伝えると電
話口の相手を混乱させてしまいかねません。まずは
「**恐れ入りますが、伝言をお願いできますか**」と聞
いて、相手が準備できてから用件を伝えましょう。

かけてきた相手が名乗らないとき

✕ どちら様ですか？

〇 **お名前をお聞かせ願えますか**

POINT 「どちら様ですか」という聞き方は、怪しんでいる
ように聞こえる恐れがあります。かけてきた相手が
誰かわからないときは、「**恐れ入りますが、お名前
を伺えますでしょうか**」のように名前を確認します。

電話を取り次ぐとき

✕ では代わります

〇 **○○ですね。**
只今おつなぎいたします

POINT 取次をお願いされたら、取次先の人の名前を復唱し
て確認すると親切です。また、「代わります」より
も「**只今○○におつなぎいたします**」と言いかえた
ほうが、より丁寧な印象になります。

取り次ぐ相手が不在のとき

✕ 今ちょうどいなくて……

〇 **只今席を外しております**

POINT 取り次ぐ相手が社内にいるなら「**只今席を外してお
ります**」、外出しているなら「**外出しておりまして、
○時に帰社予定です**」、もう帰ってしまった場合は
「**本日は退社いたしました**」と言いかえましょう。

取り次げなかったとき

 どうしましょうか

 **後ほどこちらから
お電話いたしましょうか**

POINT 取り次ぎたい相手が不在だった場合は、電話の相手
に対応を任せるのではなく、「**後ほど、こちらから
お電話差し上げるようにいたしましょうか**」と自分
から提案すると、相手もお願いしやすいです。

代わりに用件を聞くとき

 ちなみにどんなご用件ですか

 **差し支えなければ、
代わりにご用件を承ります**

POINT 伝言を受けるつもりで「ちなみに……」などと気楽
にたずねると、内容によっては失礼になるかもしれ
ません。「**差し支えなければ、代わりにご用件を承
ります**」と控えめに申し出るといいでしょう。

相手が急いでいるとき

 すぐ呼んできますので……

 至急、折り返しご連絡させます

POINT 電話をかけてきた相手が急いでいる様子のとき、担
当者が席を外していたら、慌てて保留にしても余計
に相手を待たせてしまいます。「**至急、折り返しご
連絡させます**」と落ち着いて対応しましょう。

来客応対

職場まで足を運んでもらったら、来社から見送りまで丁寧にもてなします。また、突然の来客にも対応できるようにしておきましょう。

約束していた来客に

✕ いらっしゃいませ

○ **お待ちしておりました**

POINT 「いらっしゃいませ」では、店舗での接客のような営業的な雰囲気になります。来社の約束をしている相手なら、「**お待ちしておりました**」と言って出迎えることで歓迎する気持ちが伝わります。

社内で迷っている来客に

✕ どうしましたか

○ **どちらまでお越しですか**

POINT 玄関先や廊下などで迷っている様子の来客がいたら、丁寧に案内しましょう。不躾な声かけをすると相手を萎縮させてしまいます。「**よろしければ、ご用件を伺います**」と聞くとさらに親切です。

約束があるか確認するとき

 アポは取ってますか

○ 恐れ入りますが、
お約束でございますか

POINT 端的に約束の有無を聞くと、相手を拒絶しているように聞こえることもあります。まずは「**恐れ入りますがお約束でございますか**」とたずね、約束がなければ一旦待ってもらって担当者に確認しましょう。

来客を案内するとき

 あちらへどうぞ

○ ご案内します。こちらへどうぞ

POINT 担当者が来る前に来客を部屋に通しておく場合は、「**ご案内します。こちらへどうぞ**」と部屋まで先導しましょう。階段や段差では「**お足もとにお気をつけください**」と声かけすると丁寧です。

部屋で待ってもらうとき

 お座りください

○ 奥の席へおかけになって
お待ちください

POINT 来客に担当者を待ってもらう場合、「**奥の席へおかけになってお待ちください**」とこちらから座席をすすめましょう。こうすることで、相手に遠慮をさせずに済み、リラックスして待っていてもらえます。

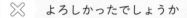

接客・販売

接客の言葉ひとつで、お客様から見た会社全体の印象が左右されることもあります。好印象を与えるフレーズを身につけましょう。

確認するとき

✕ よろしかったでしょうか

○ **よろしいでしょうか**

POINT 現在のことを話しているときに「よろしかった」と過去形にするのは、間違った用法です。お客様に丁寧な言い方で確認をしたいなら、「**ご注文の品は、こちらでよろしいでしょうか**」が正しい表現です。

商品を渡すとき

✕ こちらになります

○ **こちらです**

POINT 何かが変化するわけではないのに「～になります」と言う人がいますが、これも間違いです。商品を渡すだけなら「**ご注文の品はこちらです**」、場所を案内するなら「**あちらでございます**」などが適切です。

相手の手荷物を持つとき

 お荷物のほう、お預かりいたします

お荷物をお預かりいたします

POINT 本来「〜のほう」は、あちらではなくこちら、という比較や強調として使われる表現です。必要のない場面でむやみに使いすぎると耳障りに感じる人もいるので、単純に「〜を」と言いかえましょう。

商品があるか聞かれたとき

 それは売ってません

○○は取り扱いがございません

POINT 「売る」「買う」などの言葉は、婉曲に言うほうが上品です。「売ってません」「売り切れです」は「**取り扱いがございません**」、「買ってください」は「**お求めください**」などと言いかえましょう。

迷っているお客様に

 今買わないと売り切れますよ

お取り置きしましょうか

POINT 押し売りのような言い方は、お客様からの印象がよくありません。購入を迷っている様子の相手には、「**ご検討いただけるなら、よろしければお取り置きしましょうか**」などと提案するといいでしょう。

相手にまず「好意」を持つ

「好意の返報性」という言葉を知っていますか。

相手に好意でもって接すれば相手も好意もって接してくれるという心理です。

最初から相手が自分に好意を抱いているかはわかりません。ではどうすればよいのか？　自分が相手に好意を抱くのです。ちょっとした態度や聞き方、そして話し方で相手は自身への好意に気づき、自分に好意を示してくれるのです。

好意を表現するときに有効なのが、言葉の選び方です。いつもより少し丁寧に言葉を言いかえてみましょう。言葉の選び方が変われば相手はすぐに気づくでしょう。

好意でもって接しても、ちゃんと好意で返してくれるかはわかりませんが、何人もの人にそうやって接することで、成功することも増えてきます。それを積み重ねていくと、人間関係は大きく改善するでしょう。

第 3 章

誰からも好かれる

人付き合いで使える言いかえ

人間関係の悩みはなかなか尽きないものですが、中には言葉づかいを見直すだけで改善する問題も多くあります。初対面や久しぶりに会う相手だけでなく、友人や恋人、家族とのコミュニケーションでも、相手との距離感に合わせた適切な言葉選びが大切です。

初対面

交友関係や人脈を広げるために、第一印象は重要です。友人の紹介やパーティなどで初めて会う人とのやり取りを見直しましょう。

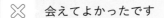

初対面の相手に

✕ 会えてよかったです

○ **お目にかかれて光栄です**

POINT 目上の人や有名な人に初めて会ったときなどには、**「お目にかかれて光栄です」**と挨拶すると洗練された印象を与えられます。目下の人が相手なら、**「お会いできてうれしいです」**と言っても効果的です。

今後も交流したい相手に

✕ よろしくお願いします

○ **お見知りおきください**

POINT **「お見知りおきください」**は、初対面の目上の人に使える鉄板フレーズです。カジュアルな場面なら、**「これから仲良くしていただけるとうれしいです」**と伝えれば親近感を醸し出せます。

緊張しているとき

 人見知りなんです

⭕ **初めての人ばかりで
緊張しています**

POINT 「人見知り」という言葉は、相手との交流を拒絶している印象を与えかねません。**初めての人ばかりで緊張しています**」と最初にこちらから素直な気持ちを表すと、自分も相手もリラックスできます。

親近感を覚えた相手に

 初めて会った気がしないです

⭕ **緊張していましたが、
○○さんとは話しやすかったです**

POINT 「初めて会った気がしない」と本当に思ったとしても、そのまま伝えると胡散臭く感じられます。「**今日は緊張していましたが、○○さんとは話しやすかった**」と言いかえ、相手の心に近づきましょう。

相手のことを質問するとき

 失礼ですが……

⭕ **差し支えなければ
お聞きしたいのですが**

POINT 「失礼ですが」という前置きには、「失礼だと思うなら聞くな」と反応する人もいます。聞きにくい質問は、「**差し支えなければお聞きしたいのですが**」とワンクッションを置くと相手は答えやすいです。

3

人付き合いで使える言いかえ

年齢を聞くとき

 おいくつですか？

○ **何十代ですか？**

POINT 初対面の相手に年齢を聞くことは好ましくありません。相手の世代がわかると話しやすくなるのも事実。「○○さんは何十代ですか」という聞き方なら、幅があるので相手も答えやすくなります。

住んでいる場所を聞くとき

 ご住所はどちらですか？

○ **お近くからお越しですか？**

POINT 住んでいる場所を細かく聞かれると、警戒する人が多いです。「**お近くからお越しですか？**」「**電車は何線をお使いですか？**」のように婉曲にたずねるにとどめ、詳しく追求することは避けましょう。

学歴を知りたいとき

 出身校はどちらですか？

○ **学生時代は**
何を学ばれていたんですか？

POINT 学歴や出身校は、人によって触れられたくないこともあるので、初対面でたずねるのは避けたほうが無難です。「**学生時代は何を学ばれていたんですか？**」などの質問なら、直接学校名を聞くより穏便です。

家族構成を知りたいとき

 ご結婚されてますか？

 お休みの日は
何をされてますか？

POINT 結婚や家族について聞かれるのを無礼に感じる人もいます。「**お休みの日は何を？**」のように質問をすると、話す側の意思で家族などの話に触れられるので、失礼にはあたらず、効果的な言い方です。

相手のことを知りたいとき

 スポーツやってそうですよね

 何かスポーツをしてますか？

POINT 「スポーツやってそうですよね」「お酒強そうですよね」など見た目から好みや性格を決めつける物言いは傲慢に聞こえます。「**スポーツしてますか？**」「**お酒は好きですか？**」と相手にたずねてみましょう。

相手の印象を伝えたいとき

 ○○さんは真面目ですね

 ○○さんは真面目な方だな
と私は思いました

POINT 褒めたつもりでも、勝手に自分の性格を決めつけられたと相手は感じるかもしれません。「**○○さんは真面目な方だ、と私は思いました**」と、あくまで自分が相手に感じた印象に言いかえて伝えましょう。

友人

親しい友人が相手でも、失礼な物言いばかり
していると人間関係にヒビが入りかねません。
誤解を招く言葉を言いかえましょう。

近況を聞くとき

✕ うまくいってる？

O **最近どう？**

POINT 「はい」か「いいえ」でしか答えられない聞き方で
は、相手を追い詰めて気まずい思いをさせてしまう
ことがあります。「**最近どう？**」と言えば、相手は
話しやすい話題を選んで答えることができます。

体調を聞くとき

✕ 疲れてない？

O **元気だった？**

POINT 気づかうつもりの「疲れてない？」というひと言は、
「そんなに疲れて見えるのかな」と逆に相手が気に
してしまうかもしれません。「**元気だった？**」と聞
くほうが、互いに前向きな気持ちになれます。

久々に会う友人に

 最近見ないから心配してた

○ 久々に会えてうれしい

POINT 「最近見ないから心配していたよ」「連絡がないからどうしたのかと思った」と言うと、相手を責めているようにも聞こえます。**「久々に会えてうれしい」**とポジティブな気持ちを伝えたほうが喜ばれます。

仕事を聞くとき

 今どこで働いてるの？

○ 今は何をしてるの？

POINT たとえ友人でも、久々に会って働いている会社など込み入ったことをたずねるのは不躾です。**「今は何をしてるの？」「どういった関係の仕事？」**とぼかして聞くと、相手も答えやすくなります。

会う約束をするとき

 今月は忙しくて会えない

○ 来月なら時間があるから会えるよ

POINT 友人に食事などに誘われても、「忙しくて」と断ってばかりいると、そのうち誘われなくなるでしょう。今回は難しいとしても、**「来月の○日なら会えるよ」**と、予定を合わせる姿勢を示しましょう。

相手の話に驚いたとき

 嘘でしょ？

○ **本当に？**

POINT 「嘘でしょ？」「信じられない！」のようなネガティブさを含むリアクションばかりでは、相手を疑っているような印象を与えます。同じように驚いた反応でも、「**本当に？**」と言うと肯定的に聞こえます。

愚痴や苦労話を聞いたとき

 大変だね

○ **○○なんだね**

POINT 共感を示したつもりでも、「大変だね」で終わってしまえば、相手はひと言で済まされた気になります。「**人間関係が難しいんだね**」「**仕事が忙しいんだね**」など、相手の話をそのまま受け入れましょう。

相手の話に共感するとき

 わかるわかる

○ **似た経験をしたから、少しわかる気がする**

POINT なんでも「わかるわかる」と繰り返していると、適当にあしらわれた感じがするもの。本人にしかわからないこともあると意識し、「**似た経験をしたから、少しわかるかも**」と控えめに共感を示しましょう。

相手の話を知っていたとき

 それ知ってる

 私もこの前知ったよ

POINT せっかく提供した情報なのに、「それ知ってる」と言われれば相手はがっかりするでしょう。「**私もこの前知ったよ。びっくりだよね！**」と感想をプラスすると、この話で盛り上がることでしょう。

相手が同じ話をしているとき

 それ、前にも聞いたよ

○○の話だよね。
それ、本当に面白いよね

POINT 同じ話を聞かされて心中はうんざりしても、「それ、前にも聞いたよ」と話をさえぎってしまうと角が立つものです。「**○○の話だよね。面白いよね**」と言えば、穏便に会話を続けることができます。

相手が間違ったことを言ったときに

 そんなわけないよ

それって○○じゃなかったっけ？

POINT 相手が言っていることが間違っているからと言って「**そんなわけないよ！**」「嘘ばっかり！」と否定すると相手も傷つきます。「**それって、○○じゃなかったっけ？**」と穏やかに確認しましょう。

悩んでいる相手に

 気にすることないよ

特になにが気になってるの？

POINT 「気にすることないよ」と勇気づけたつもりでも、相手は悩みを軽んじられたように感じます。「**なにが気になっているの？**」とより深く話を聞いて、相手の気持ちに寄り添いましょう。

話題や流行に疎い相手に

 そんなことも知らないの？

 **この方面は
あまり関心がないんだね**

POINT 誰もが同じ興味を持っているわけではありません。「こんなのも知らないの？」と大げさに驚けば相手を傷つけてしまいます。「**この方面は関心がないんだね**」と、さらりと別の話題に移りましょう。

ものをすすめるとき

 絶対にいいから！

 **私はこれが好きだったから、
よかったら試してみて**

POINT お気に入りの映画や本を友人にすすめるとき、「絶対にいい」などと強く言うと、相手が率直な感想を言いづらくなります。「**私はこれが好きだから、よかったら試してみて**」と控えめにすすめましょう。

愚痴をこぼしたいとき

 君に言っても仕方ないけど

○ **つまらない話だけど、
聞いてくれる？**

POINT 悪気はなくても「君に言っても仕方ないけど」と前置きしては、聞いてくれる相手に失礼です。遠慮する姿勢を示すなら、**「つまらない話なんだけど」**と前置きして、話し始めるといいでしょう。

自慢を聞いてほしいとき

 自慢じゃないけど

○ **うれしいことがあったから、
ちょっと聞いてくれる？**

POINT 「自慢じゃないけど」と前置きして自慢話を続けると、不快なマウンティングに聞こえます。自慢したいときは素直に**「うれしいことがあったから、ちょっと聞いてくれる？」**とお願いするとよいでしょう。

自慢じゃないけど……

3

人付き合いで使える言いかえ

恋人・夫婦

恋人や夫婦の関係を良好に保つには、思いやりを言動で表すことが大切です。身近な相手だからこそ、言葉づかいを見直しましょう。

相手の失敗にイライラしたとき

✕ 何やってるんだよ

○ **少し頭を冷やしたいから、
時間をおいていい？**

POINT カッとなって感情的な言葉を投げつけると、モラハラになりかねません。イライラしたら、「**少し頭を冷やしたいから、時間を空けていい？**」と伝え、まずは気持ちを落ち着かせましょう。

相手を人前で褒めるとき

✕ 顔は中の下だけど……

○ **自慢のパートナーだよ**

POINT 人前でパートナーについて触れるときに、照れ隠しで悪口のような冗談を言う人がいますが、言われた本人だけでなく、周囲の人もあまりいい気分にはなりません。素直に褒めたほうが爽やかです。

意見が合わないとき

 なんでわかんないの？

○ **そういう考えもあるね。
私はこう思うけどな**

POINT 「なんでわかんないの？」「そんなのおかしい」と相手の考えを全否定しては、いい関係は築けません。**「そういう考えもあるね。私はこう思うけどな」**と相手を受け入れつつ自分の主張を伝えましょう。

話を途中でさえぎられたとき

 最後まで黙って聞いてよ

○ **こっちも話の続きが
あるんだけど、話していい？**

POINT 自分の話を途中でさえぎられてムッとしても、まずは相手の話を最後まで聞いてあげましょう。その上で、**「こっちも話の続きがあるんだけど、話していい？」**と聞くと、相手も最後まで聞く気になります。

交際を解消したいと言われたとき

 別れたら死んでやる

○ **別れたくない。
もう少し話をさせてほしい**

POINT 別れ話を切り出されて、「死んでやる」と脅すような態度を取っても、余計に関係が悪化して逆効果です。**「別れたくない。もう少し話をさせてほしい」**と率直に気持ちを伝えて話し合いましょう。

家事をしてほしいとき

 ✕ なんでやってくれないの？

○ ▶ ○○をやってくれたらうれしい

POINT 家事をしない相手への不満から、つい「なんでやってくれないの？」と責めるような言い方をしてしまいがちです。「**○○をやってくれたらうれしい**」と素直に頼めば、受け止めてもらいやすいです。

相手が協力してくれないとき

 ✕ 少しは手伝ってよ

○ 手が離せないから、
ゴミ出しをお願い

POINT 忙しくしているのに相手が手伝ってくれないとイライラします。そんなときは、「**手が離せないから、ゴミ出しをお願い**」「**洗濯物を取り込んで**」とお願いしたいことを具体的に指示すると効果的です。

家事をしてくれる相手に

 ✕ これくらい当たり前でしょ

○ いつも助かってるよ

POINT 「料理くらい当たり前」「子どもの送迎くらい当たり前」と考えては、相手だけでなく自分もいつか困ることになるでしょう。時には「**ありがとう。いつも助かってるよ**」と素直に感謝を伝えましょう。

相手の帰宅が遅くなったとき

 ✕ せめて連絡してよ

○ **心配になるから、
次からは連絡してほしい**

POINT 帰りが遅くなる家族にはつい文句を言いたくなります。「**心配になるから、次からは連絡してほしい**」のように、相手を思う気持ちを伝えつつ釘を刺すと、相手も素直に行動してくれるでしょう。

部屋が散らかっているとき

 ✕ 少しは掃除したら？

○ **疲れていて大変なら、
分担を考え直そうか**

POINT 家事を分担していて掃除が相手の担当でも、汚れに気づいたら自分が動くほうが生産的です。その上で、掃除が行き届いていない理由がありそうなら、相手と話し合って分担を見直すといいでしょう。

食事を用意してくれた相手に

 ✕ このおかず飽きたな

○ **他の料理も食べてみたいな**

POINT 料理のレパートリーを増やすのは大変なことです。「**いつも美味しい夕飯をありがとう。これも美味しいけど、他の料理も食べてみたいな**」と感謝を先に伝えれば、相手のやる気も上がります。

親子・子育て

子どもを大切に思うほど、言葉がけに悩むことは多くなるでしょう。安心感を与えつつ、やる気を引き出す声かけをしたいものです。

急いでほしいとき

✕ 早くしなさい

O ○時までにやろうね

POINT 子どもの行動が遅いと、慌てて「早く！」と急かしてしまいます。そんなときは、「**7時までに着替えてね**」「**10分で片づけしようね**」などと具体的に時間を示したほうが子どももわかりやすいものです。

注意するとき

✕ ちゃんとしなさい

O 椅子に座っててね

POINT 幼い子どもに「ちゃんとして」「しっかりして」と言っても、どうしたらいいかわからないものです。**「椅子に座っててね」「元のところに戻してね」**と具体的にお願いを伝えるとよいでしょう。

勉強習慣をつけたいとき

✕ 勉強しなさい

○ 一緒に勉強しよう

POINT 「勉強しなさい」が口癖の親は少なくないでしょう。小さいうちから勉強習慣をつけさせたいなら、「**勉強しよう**」と呼びかけて、親も一緒に勉強し、子どものやる気を引き出しましょう。

宿題をさせたいとき

✕ 早く宿題しなさい

○ 何時から宿題やる予定？

POINT ゲームやテレビに夢中でなかなか宿題に手をつけない子どもには、「**何時から宿題やる予定？**」とたずねてみましょう。自分で時間を考えて答えさせることで、宿題に意識を向けさせられます。

言うことを聞いてほしいとき

✕ 言う通りにしなさい

○ ママ（パパ）はこう思う。
○○はどう思う？

POINT 「言う通りにしなさい」と叱っても聞かない子どもには、「**ママ（パパ）はこうしたほうがいいと思う。○○はどう思う？**」とたずねてみます。子どもが自分で考えて行動するようになるでしょう。

褒めるとき

✕ すごいね！

○ ○○できてすごいね

POINT 子どもを褒めるときには、「**自転車に乗れるように なってすごいね**」「**言われる前に宿題を終わらせて 偉いね**」などと具体的に褒めます。子どもは親が自 分を見てくれているとわかって安心します。

頑張った成果を褒めるとき

✕ 100点取って偉いね

○ 毎日頑張って勉強したものね

POINT 子どもが頑張って成果を出したときは、「100点を取 って偉いね」のように結果を褒めるのではなく、「**毎 日頑張って勉強していたものね**」と努力を褒めてあ げると、やる気がアップします。

成長を褒めるとき

✕ あの○○くんに勝ってすごいね

○ 2カ月前より上手になったね

POINT 他の子どもとの比較で褒めるのは、長期的に見て効 果的ではありません。「**2カ月前はできなかったの に、できるようになったね**」などと、過去の自分か らの成長に気づかせてあげましょう。

126

応援の声かけで

 間違えないようにね

 いつもの調子でね

POINT 大事な試験や大会などの前に「間違えないようにね」と声をかけても、余計なプレッシャーをかけてしまいます。**「いつもの調子でね」「練習通りにね」**と言って自信をつけさせてあげましょう。

子どもが失敗したとき

 だから言ったでしょ

 次からは気をつけよう

POINT 親が上から目線で「だから言ったでしょ」と言うと、子どもはやる気をなくしてしまいます。子どもの目線になって、**「次からは気をつけようね」**などと、失敗への励ましの言葉をかけましょう。

言うことを聞かない子を叱るとき

 うちの子じゃない

 言うこと聞いてくれないと、ママ（パパ）はつらいよ

POINT 「うちの子じゃない」「生まなければよかった」など、突き放した言葉は禁句です。いくら叱っても聞き分けが悪いときは、**「ママ（パパ）はつらいよ」**と気持ちを伝えて諭す方法もあります。

親戚・ご近所付き合い

親戚付き合いやご近所付き合いに悩む人は多いものです。親しみを表しながらも、程よい距離感を保つ言葉づかいを知りましょう。

近所の人とすれ違ったとき

✕ どうも

○ これからお出かけですか？

POINT 顔見知りのご近所さんとすれ違ったら、「どうも」だけでは素っ気ないもの。相手が急いでいるようでなければ、「**今日はいい日和ですね。これからお出かけですか？**」などとたずねてみましょう。

朝早くに近所の人に会ったとき

✕ 早起きですね

○ お早いですね

POINT 「早起きですね」よりも「**お早いですね**」とたずねるほうが、丁寧な言い方になります。夜遅くに会った場合は、「**お疲れさまです。遅くまで大変ですね**」などと、ねぎらいの言葉をかけても好印象です。

ゴミ出しルールを守らない人に

 迷惑ですよ

**○ 私も
つい間違えちゃうんですが……**

POINT 近隣に迷惑をかけていたとしても、ルールを知らな
いだけで悪気がない人もいます。「**私もつい間違え
ちゃうんですが……**」と謙虚に前置きをした上で、
ルールを教えてあげると穏便に聞こえます。

長期間留守にするとき

 しばらく留守にします

**○ ○カ月ほど留守にしますので、
よろしくお願いします**

POINT 長期不在で近隣の人に心配や迷惑をかける可能性
があります。出発する際に隣の人に挨拶して、「**○
カ月ほど留守にしますので、何かありましたらよろ
しくお願いします**」と伝えておきましょう。

遠回しに騒音を注意するとき

✕ いつもうるさいですよ

**○ 大きな音が聞こえたのですが、
大丈夫ですか？**

POINT 近隣に騒音が響いていることに本人が気づいてい
ないこともよくあります。いきなり「うるさい」と
苦情を言うのではなく、「**昨晩、大きな音が聞こえ
ましたが、大丈夫ですか？**」と確認すると穏便です。

よその子どもを注意したあと

 叱っておきましたよ

○ **先日注意したのですが、
気にしていませんでしたか？**

POINT 近所の子どもが危険なことをしていたら、注意しま
しょう。後日親に会ったら、「**危なかったので注意
したのですが、その後気にしていませんでしたか？**」
と気づかうと、恩着せがましくありません。

元気な子どもを褒めるとき

 元気ですね

○ **活発でいらっしゃいますね**

POINT 近所の子どもや親戚の子どもを褒めるとき、その子
の親に「元気ですね」と伝えても決して失礼ではあ
りませんが、「**活発なお子さんでいらっしゃいます
ね**」と言うと上品な印象になります。

静かな子どもを褒めるとき

 大人しいですね

○ **落ち着いていて
しっかりしていますね**

POINT 静かな子どもに「大人しいですね」と言っても、あ
まりポジティブに聞こえません。「**落ち着いていて
しっかりしたお子さんでいらっしゃいますね**」と褒
めれば、親は喜んでくれるでしょう。

贈り物をくれる親戚に

 いつも助かってます

○ **いつも○○を贈っていただいて、ありがとうございます**

POINT お中元やお歳暮を贈ってくれる親戚と顔を合わせたら、まず贈り物のお礼を言いましょう。食べ物などを贈ってもらっている場合は、味の感想などを述べれば会話のきっかけにもなります。

親戚の集まりで

 お構いなく

○ **何かお手伝いさせてください**

POINT 親戚の集まりでは、集まった家の人がお茶や食事を用意してくれるもの。親戚同士ならお客様のような態度を取るよりも、積極的に手伝いを申し出たほうが好印象になることでしょう。

近況を聞くとき

 そろそろ結婚しないの？

○ **最近の調子はどうですか？**

POINT 「結婚しないの？」「仕事はうまくいってるの？」「子どもはまだなの？」などと聞かれることが負担に感じる人は多いです。近況を聞くなら「**最近の調子はどうですか？**」と軽く聞くに留めましょう。

恩師・先輩

かつてお世話になった恩師や先輩に久しぶりに会ったり、手紙などを送ったりするときには、適切に敬意を表したいところです。

久しぶりに会う相手に

✕ お久しぶりです

〇 **お変わりないですか**

POINT 久々に会う先輩や恩師には「お久しぶりです」より「お変わりないですか」のほうが、年配の方たちへの気づかいを感じさせる言い方です。「**ご無沙汰しております**」と言っても丁寧な印象です。

長らく会っていない相手に

✕ 私のこと覚えていますか?

〇 **学生時代にお世話になりました、○○です**

POINT 「私のこと覚えてますか?」と試す聞き方は、忘れている場合もあるので、相手に失礼です。久しぶりに会う相手であれば、先に自分の名前と相手との関係を簡単に伝えて挨拶をするのが礼儀です。

目上の人に近況を聞くとき

 最近どうですか？

 近頃はいかがお過ごしですか？

POINT 恩師や先輩に近況を聞く場合、「最近どうですか？」は、ややカジュアル過ぎるかもしれません。少し丁寧に**「近頃はいかがお過ごしですか？」**と、敬意を含めた聞き方がふさわしいでしょう。

年配の方に

 相変わらずですね

 いつまでもお変わりないですね

POINT 「相変わらずですね」は、言外にネガティブな印象を含む言い方なので不適切です。昔から変わらず元気な方には、**「いつまでもお変わりないですね」**と言えば、褒め言葉になります。

別れ際に相手を気づかうとき

 どうぞお元気で

 どうかご自愛ください

POINT 「どうぞお元気で」でも間違いではありませんが、少しくだけた印象です。目上の人や年配の人には**「どうかご自愛ください」**と敬意を込めましょう。別れ際に相手の健康を気づかう定番の言い方です。

SNS・メール

多くの人がメールやSNS、メッセージアプリを日常的に使っていますが、文章のやり取りは誤解を生みやすく、実は注意が必要です。

メールの件名

✗ 今日はありがとうございました

O **本日の打ち合わせのお礼**

POINT メールの件名に挨拶を書くことは、あまり適切ではありません。「**〜のお願い**」「**〜のお礼**」などの他、「**〜の件**」「**〜について**」のように、本文の内容を端的にわかりやすく書くようにしましょう。

メールの返信がいらないとき

✗ 返信不要です

O **ご返信には及びません**

POINT 「返信不要」は、少し突き放した印象を受ける表現です。「**ご返信には及びません**」と丁寧に言いかえて、さらに「**何かあれば遠慮なくご連絡ください**」と付け加えると親切です。

連続してメールを送るとき

 お世話になっております

○ 度々申し訳ございません

POINT 相手の返信の前に、自分から続けてメールを送るときには、いつも通りの挨拶の代わりに「**度々申し訳ございません**」「**重ねてのご連絡恐れ入ります**」などの一文を加え、連続での連絡を詫びます。

メールを間違えて送ってしまったとき

 すみません、間違えました

○ お手数ですが、破棄していただけますか

POINT 本来送るべき相手ではない宛先に間違えてメールを送ってしまったら、気づいたときにすぐ訂正の連絡をしましょう。間違えて送った相手には、メールを破棄してもらうようお願いします。

相手が添付ファイルを忘れているとき

✕ 添付を忘れてますよ

○ お手数ですが、再送信していただけますか

POINT メール本文には添付ファイルと書かれているのに、相手が添付を忘れているということはよくあります。「**添付ファイルが確認できないので、お手数ですが再送信していだけますか**」とお願いしましょう。

LINE の ID を聞きたいとき

✕ LINE の ID 教えてよ

○ **都合のいい連絡手段を
教えてくれませんか**

POINT 普段の連絡手段に LINE を使っている人は多いです
が、ID を気軽に教えたくない人もいます。「**LINE と
か、都合のいい連絡手段を教えてくれませんか**」と
ぼかして聞くことで、気まずくならずに済みます。

Instagram をフォローするとき

✕ フォローしました

○ **初めまして。
素敵なお写真ですね**

POINT SNS でも実際に対面する場合と同じように、相手へ
の気づかいが必要です。「**初めまして。素敵なお写
真ですね。フォローさせていただきました**」のよう
に丁寧な言葉で最初の挨拶をしましょう。

Twitter で面白い投稿にリプライするとき

✕ これは面白い！

○ **FF 外から失礼します**

POINT 面白い投稿には感想を言いたくなりますが、コメン
トやリプライは元の投稿者へ通知されるものだと
忘れないようにしておくとよいでしょう。「FF」と
はフォロー／フォロワーという意味です。

Facebook で友達申請をするとき

 承認お願いします

 先日ご一緒させていただいた
○○です

POINT Facebook は、ビジネスで付き合いのある人同士の
やり取りに使われることも多い SNS のひとつです。
友達申請をするときには、自分がどこで会った誰な
のかを名乗って、挨拶しましょう。

Facebook ページを立ち上げたとき

 いいねしてください！

 「いいね！」を
押していただけるとうれしいです

POINT ビジネスやイベントの告知などのための Facebook
ページを立ち上げたら、たくさん「いいね」が欲し
いところですが、お願いするにしても、あまり押し
つけがましくならないようにしましょう。

3

人付き合いで使える言いかえ

言いかえは出世の近道だ

　言葉はとても繊細です。有効に活用すると、オン・オフに関わらず自分の人間関係を大きく好転してくれます。豊かなコミュニケーションを可能にする言葉は、あなたの人生を切り開く大きな武器になるでしょう。

　組織に所属していても、いなくてもビジネスは一人でできません。仕事をお願いする人、仕事を受ける人、製品を売る人、製品を買う人……。私たちは周囲との関わりを保ちながら社会的生活を送っているのです。

　人との関係は、良好なものもあれば、時には険悪なものもあります。ただお互いに思いやることで、尊敬の気持ちが生まれ、気持ちのよいコミュニケーションができるようになります。そのとき、自分と相手をつなぐのが「言葉」なのです。嫌なことをお願いしなければいけないのに、関係を良好に保ちたいときもあるでしょう。尊敬の気持ちを忘れずに言いかえをすれば、あなたの気持ちは伝わるはずです。

第 4 章

日々を穏やかに暮らせる

日常生活での
言いかえ

言葉の使い方は、人の印象を大きく左右します。それにもかかわらず、日常的なフレーズに加えて、冠婚葬祭や季節の挨拶などでも、なんとなく自己流で済ましている人が意外に少なくありません。適切な表現に言いかえて、大人の品格を身につけましょう。

買い物

買い物をするとなれば、話しかける機会は増えます。ちょっとした心配りで気持ちよく買い物をして家路につくことができます。

アパレルショップで声をかけられたとき

✕ 見ているだけなので結構です

○ **気になったらお呼びしますね**

POINT アパレルショップに入ると、店員が声をかけてくることがよくあります。ゆっくり見て回りたいなら、自分だけで店内を見たいことを伝えましょう。声をかけられて無視をする態度は避けましょう。

試着したけれど好みではなかったとき

✕ やっぱりやめます

○ **もう少し考えます**

POINT いろいろと検討して試着したものの、あまり好みでないこともあります。別の服を試す、買うのをやめるにしても、丁寧に断るようにしましょう。そうすれば次回も同じように訪れることができます。

コスメショップでリップを買うとき

 色ってこれだけしかないの

O ここに並んでいるもの以外の
色はありますか

POINT 季節の変わり目になるとコスメショップにはリップの新色が並びます。他の色をたずねるときも細かい色の指定をするよりも、何色かを見せてもらって、その中から選びましょう。

ジュエリーショップでアクセサリーを選ぶとき

 ショーケースの中のもの、全部見せて

O この指輪を見せてもらえますか

POINT アクセサリーを買う時も、いくつか見比べてみたいものですが、高価なものが多ければいくつもショーケースから出してもらうのは避けましょう。ひとつひとつ丁寧に見定めるとよいでしょう。

ブティックのウィンドウを見て欲しくなったとき

✖ これ、ちょうだい

O これ、見せてもらっていいですか

POINT 海外の高級ブティックで日本人観光客の買い物マナーが問題になっています。しかし、礼儀を守れば、決して買わなくても構いません。笑顔でお願いすれば、「どうぞ」と笑顔で返してくれます。

4

日常生活での言いかえ

美容院で話しかけられたくないとき

 ちょっと黙ってもらえますか

 今日は
本を読んでいてもいいですか

POINT 美容室では美容師は話しかけてくるものですが、会話が苦手な人もいます。話したくないときは、何か別のことをしたいと伝えて、暗に話しかけないでほしいことを伝えるとよいでしょう。

髪型の仕上がりに不満があるとき

 もうちょっと上手にお願いします

 ○○に行くので、
それに合わせてください

POINT どうしても思うような髪型に仕上がらなかったら、パーティや就活など具体的な目的を伝えて、それにふさわしい髪型に仕上げてもらうとよいでしょう。それなら美容師もイメージしやすくなります。

髪型の仕上がりに満足したとき

 OKです

 素敵に仕上げてもらって
ありがとうございます

POINT 美容室でセットしてもらった髪型に満足したら、それを言葉に出して伝えましょう。「**今度来るときもまたお願いします**」と添えれば、次回もあなたのイメージ通りの髪型に仕上げてくれることでしょう。

注文した荷物が届かないとき（長期）

 いつ届きますか

 まだ荷物が届いていないようです

POINT ネットで何かを購入したとき、商品がいつ到着するか気になります。問い合わせはメールが主体となるので、まず状況の確認をするようにしましょう。向こうに非があっても問い合わせは冷静に。

注文した荷物が届かないとき（短期）

 早く届けてほしいんですけど

 行き違いかもしれませんが、まだ荷がこちらに届いていません

POINT 到着の日時が決まっていて遅れたら腹立たしいものですが、あまり感情を爆発させないことが肝要です。欲しいタイミングで手に入らないことはストレスになりますが、対応は冷静にしましょう。

遅れている荷物の到着時間を問うとき

 早く送ってください

 送っていただける時間の目安を教えてもらえますでしょうか

POINT 非は向こうにあったとしてもあまりにきついクレームだと角が立ちます。腹立たしい気持ちを抑えながら、相手に着荷の時間を確認しましょう。自分で定めた日時は守るものです。

4

日常生活での言いかえ

143

飲食店・パーティ

レストランなどでサービスに満足できないときもあります。言葉を選び相手に丁寧に伝えてよりよいサービスを堪能しましょう。

レストランを予約する

✗ この日は空いていますか

◯ **○月○日に**
○○のために使いたいのですが

POINT 予約なしで高級レストランを使うことはあまりありません。大切なお祝い、プロポーズなど使う目的をレストランに前もって伝えておき、最高の結果を得るための準備を整えましょう。

酒席に誘われたとき

✗ ありがとうございます。行きます

◯ **ぜひご相伴にあずかります**

POINT 仕事相手や目上の人からの誘いを受けるときは、少し下手から感謝を伝え、承諾しましょう。「行かせていただく」というのは、行くのを前提にした許諾の仕方で少し強い印象を与えます。

支払いをするとき

 お愛想お願いします

 お会計お願いします

POINT　支払いをするとき、指で×印をしたりする人がいます
が、単純に**「お会計お願いします」**と伝えるのが
最もスマートです。入店前に会計をレジでするのか
テーブル会計なのかを確認しておきましょう。

ホームパーティに呼ばれたとき

 会費はいくらですか

 今日は会費制ですか

POINT　ホームパーティに招待されたとき、会費制なのか各
自がお酒などを持ち寄るのかを確認しておきましょ
う。さりげない気配りで相手に金銭的な負担をか
けないようにするとよいでしょう。

パーティで手土産を渡すとき

 これ、つまらないものですが

 私もこれが大好きなので、
ぜひ召し上がってほしくて

POINT　手土産を渡すときは「つまらないものですが」と謙
遜するより、どれだけ好きかをアピールして渡すほ
うが、受け取る側も「そんなにおいしいんだ」と食
べるときの楽しみを増やせます。

ホームパーティを辞するとき

 じゃあ帰ります

○ **明日も早いので失礼します**

POINT 楽しいホームパーティですが、ホストはこの後、片づけなどの仕事があります。あまり長居することなく、早々に辞することで印象がアップします。少し早めがちょうどよいでしょう。

お酒に強くないのに飲まされそうなとき

 あまりお酒が強くないんです

○ **不調法ですので**

POINT 宴席で断りにくい人からお酌を受けることもあります。そのときは、少し酌を受けて、すぐに返杯しましょう。「**お酒が進んでますね。お水もらってきます**」と席を立つのもよいでしょう。

酒席で招待した相手にたずねる

 食べられないものはありますか

○ **何か苦手なものはありますか**

POINT 招待する立場ですから、相手に気をつかうのが役割です。料理を注文をするときは、苦手な食材がないかを確認しましょう。事前にうかがう機会があるなら、アレルギーがないかも確認しましょう。

ご馳走を受けたとき

 本当においしかったです

**お料理も雰囲気も最高でした。
私もこんな店に通いたいものです**

POINT 食事の招待を受けて、「おいしかった」だけではお金を払う側も「その程度か」と思ってしまいます。お金を出してもらった意図を解し、その労をねぎらい、感謝の気持ちをきちんと伝えましょう。

満足いくサービスを受けられなかったとき

 この程度のサービスとは失望しました

**このような対応とは
極めて遺憾です**

POINT イベントなどで高級レストランを使ったけど、満足できないこともあります。直接的に「失望」や「残念」という言葉を使うと、印象が強いので、「遺憾」に言いかえるとよいでしょう。

周囲が騒がしいとき

 静かにしてください

**もう少し
周りに配慮してもらえますか**

POINT せっかくの食事も、周囲があまりにも騒がしいと台無しです。騒がしい人たちに命令口調で詰め寄るよりも、自重を求める言い方がよいでしょう。それで収まらなければウェイターを呼びましょう。

旅行・街頭・交通機関

旅先など知っている人がいないと、言葉もついぞんざいになるもの。「旅の恥はかき捨て」と思わずに節度を持ってふるまいましょう。

路上で道をたずねたいとき

✕ ちょっといいですか

○ **突然お呼び止めして申し訳ありません**

POINT 誰でも突然声をかけられると驚きます。相手が困惑しないように、非礼を詫び、すぐに目的を伝えるとよいでしょう。**「恐縮ですが」**と付け加えると、より丁寧な言い回しになります。

道順を聞きたいとき

✕ ○○ってどこですか

○ **○○には、どのように行けばいいでしょうか**

POINT 目的地への行き方を知りたいなら、場所を聞くだけでなく、**「どのように行けばいいでしょうか」**とたずねましょう。立ち止まって丁寧に道順を教えてくれた人には、お礼を伝えることも忘れずに。

街中で会社の人に偶然会ったとき

 ○○さんじゃないですか

○ **こんなところでお目にかかるとは奇遇ですね**

POINT プライベートのときに会社の人とたまたま出会ったらお互いに気まずいものです。相手が家族と一緒なら**「いつも会社ではお世話になっています」**とひと言かけると好印象を与えられます。

街中で知人に会ったとき

 こんなところで何をしているんですか

○ **おや、お久しぶり**

POINT しばらく会っていなかった人と偶然街中で会うとどこか気まずいもの。話すこともあまりない場合は、簡単な挨拶をしてその場を離れましょう。気づかない振りよりも声をかけるほうがよいでしょう。

出会ったことを内密にしてほしいとき

 誰にも言わないでくださいね

○ **今日のことはここだけの話にしてもらえますか**

POINT 街中で偶然知り合いに会ったとき、あまり吹聴してもらいたくないこともあります。そのときは、すぐに内密にしてほしい旨を伝えましょう。相手の厚意を期待するので、下手に出るのが得策でしょう。

電車で席を譲りたいとき

 ✕ こちら、座ってください

○ **よろしかったら、こちらどうぞ**

POINT 電車などで年配の方に席を譲ると、躊躇する方もいます。「申し訳ない」と思う相手の気持ちを考慮しながら、席に導くとスマートです。「**次の駅で降りますから**」と加えると、相手も座りやすくなります。

荷物が置かれた空席に座りたいとき

 ✕ 座るのでどけてください

○ **こちらの席は空いていますか?**

POINT 座席に荷物が置かれていて座れないときは、隣に座る荷物の持ち主に、空席かどうか確認しましょう。そのまま荷物をどかしてくれる場合もあれば、連れが来るなどの可能性もあります。

困っている人に声をかけるとき

 ✕ 大丈夫ですか?

○ **何かお困りですか?**

POINT 道に迷っていたり探し物をしていたりと、明らかに困っている様子の人がいたら、手助けを申し出たいところ。「**何かお困りですか?**」とたずねると、相手が遠慮せずに受け入れてくれやすくなります。

順番を譲るとき

 どうぞ

○ **よろしければお先にどうぞ**

POINT 駅の改札やバス停など、列ができることはよくあります。同じタイミングで人の後ろに並ぼうとして、気まずくなることもあるでしょう。先を急がないなら、譲るようにしましょう。

前を歩く人が落としものをしたとき

 これ、あなたのものじゃないですか

○ **こちら、落とされたのではありませんか**

POINT 前を歩く人が何かを落とすところを見かけたら、すぐに拾って渡すのが普通のこと。しかし、見ず知らずの人に「あなた」というのは失礼です。最低限の礼儀を身につけておくとよいでしょう。

よろしければ
お先にどうぞ

病院・お見舞い

相手を励ましたくてお見舞いに行っても、向こうがそれを望んでいるかはわからないもの。まずは相手の気持ちに寄り添いましょう。

入院している人を元気づける

✕ 思ったより元気そうで安心しました

○ **普段と変わらない様子で、とても安心しました**

POINT 「思ったより」と言うと「もっと悪いと思っていたのか」と相手を不安にします。以前と変わらないというニュアンスなら前向きです。「**元気になったら○○しましょう**」と励ますとよいでしょう。

安静に養生するようにお願いする

✕ 早く治して元気になってくださいね

○ **ゆっくりご養生してください**

POINT 相手を鼓舞しようとして、相手を焦らせることにもなります。まずは体調を治してもらいたいことを伝えましょう。仕事関係者なら、「**仕事は気にせずに**」と不安を取ってあげましょう。

お見舞いの品を渡す

 ✕ ぜひ、お受け取りください

○ **少し気分を変える
きっかけにしてください**

POINT 入院していると時間を潰(つぶ)すなぐさみが欲しいもの。でもあまり押しつけがましいと不快な印象を与えてしまいます。「**気晴らしになればいいのですが**」など、心の負担にならないように渡しましょう。

退院した後にお見舞いに行く

 ✕ 回復してよかったです

○ **お元気そうでなによりです**

POINT 退院したとはいえ、完全に回復したかどうかは本人以外わかりません。「**しばらく用心するに越したことはありませんね**」と相手の体調に寄り添った言葉をかけるとよいでしょう。

お見舞いをしてもらったとき

 ✕ 来てもらってすいません

○ **おかげで元気が出ました。**

POINT わざわざ足を運んでもらって申し訳ないという気持ちが前に出がちですが、自分への思いやりに感謝を表しましょう。「**わざわざ足を運んでいただき**」と言いかえることもできます。

身近な同僚が入院したとき

✕ さっさと退院して戻ってきてね

⭕ 仕事のことは心配せずに

POINT 同僚が病気などで仕事を離れるときは、フォローを引き受けると告げて、安心してもらうようにしましょう。「**一日も早く元気になることを祈っています**」と添えます。

目上の人が仕事を病気などで離れるとき

✕ また一緒にお仕事をしたいと思っています

⭕ ご全快を心より祈念しております

POINT まずは相手の体調が戻ることを願っていると最初に伝えます。時間がかかってもいいので、以前と同じように元気になって戻ってきてほしい思いを丁寧に伝えましょう。

仕事相手が入院したとき

✕ 仕事の件は別の方に聞くの大丈夫です

⭕ まずはご回復を第一に考えて、ご静養なさってください

POINT 仕事の件を連絡すること自体が相手への負担になることもあるので、極力仕事の話はしないようにしましょう。ポイントは心に負担をかけないことです。「返信は不要」という心づかいもしましょう。

手術が成功した後にお見舞いに行くとき

 リハビリ、頑張ってください

○ **ひとまず胸をなでおろしました**

POINT 手術が成功して、少し落ち着いてからお見舞いにいくときに気をつけたいのは、リハビリは「辛い」ということです。手術が終わったから退院間近とは考えずに、相手の様態を労わりましょう。

二度目の手術の後にお見舞いに行くとき

 前の手術のときより元気そうですね

○ **早く元の生活に戻れるように
心から願っています**

POINT 時には、二度目の手術の後にお見舞いに行く時があるかもしれません。そのとき、絶対に避けるのは、「前回との比較」です。患者は前よりも悪くなっているかどうかにとてもナーバスになっています。

お会いできて
元気が出ました！

お祝い

結婚や出産など人生の幸せなシーンに立ち会えることほど幸せなことはありません。だからこそ、言葉を選び気持ちを伝えましょう。

昇進する人へのお祝いの言葉

✕ おめでとうございます

○ ○○へのご昇進、
本当におめでとうございます

POINT 昇進のお祝いを伝えるときは役職なども加え、具体的にしましょう。相手に向き合うのも効果的です。**「着実に偉くなられていますね」**と足跡を讃えてもよいでしょう。

栄転する人へのお祝いの言葉

✕ 引っ越しとか大変そうですね

○ 今後、新天地でのますますの
ご活躍を祈念しております

POINT 栄転とは、昇進して転勤することです。出世の階段を登っているのですからお祝いの言葉を伝えましょう。**「新人の頃からお世話になりました」**など感謝の気持ちも添えるとよいでしょう。

結婚式でご祝儀を渡す

 こちらどうぞ

◯ **本日はお招きいただきまして、ありがとうございます**

POINT　受付でご祝儀を渡すとき新郎新婦はその場にいなくても、お祝いの気持ちを伝えましょう。事前にご祝儀を渡している場合は、受付で「**お祝いは事前に渡しております**」とひと言添えましょう。

結婚式で新郎新婦に

 おめでとうございます

◯ **お似合いですね**

POINT　結婚式というハレの場でめでたいのは当たり前。何かひと言添えたいものです。夫婦となる二人にさりげなくあたたかい言葉を贈りましょう。「**末永くお幸せに**」と添えるのも効果的です。

結婚式で新郎新婦の両親に

 よかったですね

◯ **お幸せそうで本当になによりです**

POINT　夫婦となる二人を育てた親に伝える言葉として素っ気ないのは困ります。二人を見た様子をそのままでよいので、見守る両親にあたたかい気持ちを伝えるようにしましょう。

出産したお祝いの気持ちを伝える

 ご出産おめでとう

赤ちゃんのお誕生、
おめでとうございます

POINT お祝いしたいのは、出産ではなくて新しい生命の誕生です。お祝いする時期は産後1週間以降がよいでしょう。産後すぐは、新生児のケアで忙しいもの。いろいろと落ち着いてからが効果的です。

誕生日のお祝いを伝える

 誕生日おめでとう

この1年が
素晴らしい年でありますように

POINT 誕生日は年に1度の大切な日です。その人の誕生日に心を込めたメッセージを送ることで、より関係が深まることでしょう。親密な関係なら花束などに言葉を添えればより効果的です。

就職のお祝いの言葉

 希望したところに就職できてよかったね

あなたの夢が叶って
自分の事のようにうれしいです

POINT 先輩か後輩かなど関係性を考慮して、相手が新天地で頑張る気持ちになれるような言葉を贈りましょう。「**粘り強い**」や「**常に前向き**」など相手のポジティブな部分を褒めるのもよいでしょう。

入学のお祝いの言葉

 入学おめでとう

O 新天地で充実した生活を送り、夢に向かって歩んでください

POINT 人生の節目となることですから、より一層の飛躍を願う気持ちをメッセージに込めましょう。以前よりも成長したことを組み込み、新しい門出を祝います。人生の先輩として背中を押してあげましょう。

同期や上司の昇進のお祝いを伝える

 昇進おめでとうございます

O 卓越した能力とお仕事に対する情熱の賜物と存じます

POINT 同期や上司の昇進が決まったら祝意を伝えるのが社会人のマナーです。変化や衰退、退陣を連想する言葉は使いません。プレゼントは相手からの指定がない場合は贈らないのが一般的です。

開業のお祝いを伝える

✕ 開業できてよかったですね

O 努力の積み重ねの賜物ですね

POINT 知り合いなどが開業する場合のメッセージでは「落ちる」「失う」「閉じる」などネガティブなイメージの言葉は NG です。これまでの苦労をねぎらい、今後へのエールを言葉に込めましょう。

4

日常生活での言いかえ

お悔やみ

葬式やお通夜に伺うときは、いつもより言葉は丁寧にする必要があります。気づかないうちに相手を傷つけないようにしましょう。

お葬式でお香典を渡す

✕ こちらどうぞ

○ **この度はお悔やみ申し上げます。ご霊前にお供えください**

POINT お悔やみの言葉は、短く簡潔にまとめ、哀悼の意を込めましょう。気持ちの入っていない言葉はかえって失礼にあたります。「ご冥福」は浄土真宗の葬儀にはそぐわないので気をつけましょう。

お葬式で遺族に声をかける

✕ 大変でしたね

○ **お役に立てることがあれば、おっしゃってください**

POINT お葬式ではお悔やみの言葉を遺族にかけましょう。家族を亡くし打ちひしがれている人たちの心が少しでも和らぐようにしたいものです。故人と対面し、**「おだやかなお顔ですね」**というひと言も忘れずに。

お葬式で遺族をいたわる

 早く元気になってください

〇 **故人のためにも
あまりお力を落とさずに**

POINT 心落ちしている遺族に元気を出させるのも酷なものです。せめて気持ちがこれ以上下がらないように心を配りましょう。「**ご無念でしょうが……**」と付け加えてもよいでしょう。

突然に亡くなったとき

 急なことで驚きました

〇 **突然なことで
まだ信じられない思いです**

POINT 自分の驚きよりも、報せを聞いたけれど、それを打ち消したい気持ちを込めましょう。そうすることで気持ちの整理ができていない遺族に寄り添うことができます。

夫を亡くした妻へかける言葉

 不安でしょうが何とかなりますよ

〇 **ご主人様には
ひとかたらぬお世話になりました**

POINT 一家の大黒柱である夫に先立たれることで、残された妻は将来への不安が強くなります。すぐには癒えない悲しみを感じている彼女の気持ちに寄り添い、せめて故人への感謝を伝えましょう。

妻を亡くした夫にかける言葉

 いつまでも悲しまないで

O 力を落とされていると思いますが、健康を損なわれませんように

POINT 日常生活で妻への依存度が高い夫ほど喪失感は大きくなります。妻の死がきっかけでうつ病になる場合もあります。落ち込むのは当然ですが、健康への気配りがせめてのもの慰めになります。

子どもを亡くした親へのお悔やみの言葉

 元気を出さないと亡くなった子も悲しみます

O かける言葉も見つかりません

POINT 親にとって子どもに先立たれることほど辛いことはありません。子どもの同級生など特別な場合を除き、参列は控えましょう。近い関係であれば、「**できることがあれば声をかけて**」と添えましょう。

高齢で亡くなったときにかける言葉

 長生きされてよかったですね

O ご長寿とはいえ残念です

POINT 家族を失った悲しみは、故人の年齢とは関係ありません。「大往生です」というのは遺族が口にする言葉で、参列者が言うものではありません。悲しみの中にいる遺族への心配りを忘れないように。

神道でのお悔やみの言葉

 ✕ ご冥福をお祈りいたします

○ **御霊のご平安をお祈りいたします**

POINT 神道において故人はその家の守り神となります。死後の世界である冥途という考えは一般的ではありません。仏教とは異なる宗教なので、「成仏」や「供養」という言葉も使わないようにしましょう。

キリスト教でのお悔やみの言葉

 ✕ 成仏なさってください

○ **神の御許にお導きがあらんことを お祈り申し上げます**

POINT キリスト教では、死は「永遠の命のはじまり」とされています。ですので故人の死を悲しむ「お悔やみ」や「ご愁傷様」という言葉は不要となります。「**安らかな眠りにつきますよう**」と言いかえましょう。

お葬式やお通夜を欠席するときの言葉

✕ 申し訳ないのですが欠席します

○ **あいにくずらせない予定があり、 お葬式にはお伺いできません**

POINT 突然の訃報の場合、どうしても駆けつけることができないこともあります。その場合は、理由を説明しましょう。「**あらためて弔問に伺わせていただきます**」と伝えるとよいでしょう。

4

日常生活での言いかえ

シーン

季節の挨拶

久々に会った人には季節の挨拶から入るとよいでしょう。挨拶は人間関係をよくする潤滑油。ちょっとした配慮が効果的です。

入社の挨拶

✕ よろしくお願いします

○ **戦力になるように頑張ります**

POINT 入社していきなり自己主張をするのもリスクがあります。まずは下手に出ましょう。「**右も左もわからない未熟者ですが**」とへりくだってもよいでしょう。これで打ち解けられるはずです。

自己紹介でアピールする

✕ 要領が悪くて……

○ **要領はよくありませんが、丁寧な仕事がモットーです**

POINT 自己紹介で大切なのは「何ができるか」です。文末にアピールポイントを置けば、それだけ印象が強くなります。気配りのできない性格なら、「**おおらかでクヨクヨしない**」と言いかえましょう。

担当が変更になったとき

 担当が変わりましたのでお伝えします

○ **ご担当となった○○と申します。
何なりと申しつけください**

POINT 担当変更は不安を引き起こすので、まずは前任者が
連絡をします。できるだけ相手の不安感を取り除く
配慮をしましょう。「**ご不明なところはございませ
んか**」とフォローしてもよいでしょう。

転職をすることを伝えるとき

 突然ですが退職します

○ **一身上の都合により
退職することとなりました**

POINT お世話になったクライアントなどに退職の挨拶を
する場合は、退職の理由は詳しく書きません。最後
に「**皆様のご活躍をお祈りしております**」と相手を
思いやる気持ちを加えるとよいでしょう。

定年退職する上司への挨拶

 お疲れ様でした

○ **心温まるご指導
ありがとうございました**

POINT 何よりも伝えたいのは感謝ですので、それを伝えま
しょう。親しくても目上の方への送る言葉なので、
フォーマルなメッセージがよいでしょう。せっかく
の機会なので、きちんと敬意を表しましょう。

4

日常生活での言いかえ

クライアントなどへの新年の挨拶

✕ あけましておめでとうございます

○ 謹んで新春をお祝い申し上げます

POINT 取引先に新年の挨拶をするときは、相手の立場に関係なくフォーマルな形がよいでしょう。縁起をかつぐことも重要で、言葉を続けるとき「絶える」や「失う」など忌み言葉は避けます。

春（3月〜5月）の挨拶

✕ めっきり春めきました

○ 春風を感じる頃となりました

POINT 春風は春全般に挨拶として使えます。3月なら「**早春の候**」、4月なら「**陽春の候**」、5月なら「**新緑の候**」と使い分けます。春は年度の切り替えです、お世話になった人に挨拶する好機です。

夏（6月〜8月）の挨拶

✕ 酷暑が続きますが……

○ 暑い日々が続きますが……

POINT 酷暑は7月下旬から8月上旬に使い、夏全般にはあたりません。6月なら「**初夏の候**」、7月なら「**盛夏の候**」、8月なら「**残暑の候**」と使い分けましょう。8月下旬からは「**初秋の候**」としても構いません。

166

秋（9月〜11月）の挨拶

 暑さも収まりました

→ 秋風を感じる頃となりました

POINT 秋の挨拶というのは、年度始めや年始と異なり、イメージがわかない人も多いかもしれません。月によって使い分けましょう。9月なら「**初秋の候**」10月なら「**爽秋の候**」、11月なら「**晩秋の候**」です。

冬（12月〜2月）の挨拶

 めっきり寒くなりましたが

→ 寒風吹きすさぶ頃

POINT 12月なら「**師走の候**」、1月なら「**寒風の候**」、2月なら「**残寒の候**」と使い分けます。1月の挨拶でも「**新春の候**」は松の内（1月15日）までしか使えませんが、寒風なら冬全般に使えます。

暑中見舞いを送る

 猛暑いかがお過ごしですか

→ 暑中お見舞い申し上げます

POINT 暑中見舞い（立秋以降は残暑見舞い）は定型の文章で始めるとよいでしょう。相手の安否を気づかう場合でも、「いかがお過ごしですか」は健康が前提のように感じるので避けましょう。

言いかえはビジネスで有利

　自分の仕事をきちんとしていれば、あなたの評価は上がっていくでしょう。それは大切なことです。でも、あなたしかできない、あなたにしか任せられない仕事は少ないのではないでしょうか。つまり、仕事の大部分は、あなた以外の人でもできるのです。できる人が横並びでたくさんいる中で、相手があなたに頼もうとする決め手はなんでしょう。答えはたくさんあるでしょうが、そのひとつは雰囲気がよいことでしょう。

　雰囲気がよい人というのは、周りに与える印象がよいものです。言葉づかいも丁寧で、やさしいはず。ちゃんと主張しなければいけないときも、きつくならず丁寧に言葉を言いかえながら自分の意見を伝えていることでしょう。

　丁寧な「言いかえ」をビジネスのシーンで使いこなせれば、多くの人から頼りになる存在となるはずです。

第 5 章

いざというときに知っておきたい

トラブル回避の
言いかえ

「口は災いのもと」と言うように、よかれと思って言った余計なひと言が思わぬトラブルを生むことは度々あります。不用意なフレーズを自分が使っていないかどうか、見直すことが大切です。また、トラブルが起こってしまったときの対応も確認しておきましょう。

ハラスメント対策

2022年4月から「パワハラ防止法」が中小企業も対象になります。今やハラスメントに関する知識は必須になりつつあります。

仕事の出来が悪い部下に

✕ 社会人失格だよ

〇 **業務のやり方を見直してみませんか**

POINT 相手の仕事に不満があっても「社会人失格」のような人格を否定する言葉を言ってしまえば、パワハラ（パワーハラスメント）になります。前向きに改善を促す言葉がけをするようにしましょう。

失敗が多い部下に

✕ もう次はないよ

〇 **どうすればうまくできるか一緒に考えましょう**

POINT 「また失敗したら、もう次はないよ」などと解雇をほのめかす脅しをかけることはパワハラに当たります。「**集中できない事情があるなら相談してください**」などと、相手に寄り添って話しましょう。

言い訳しようとする男性に

✕ 男らしくないよ

⭕ 次からは
どうしたらいいと思いますか?

POINT 「**言いたいことはわかりました**」と相手の言い訳を
一旦受け入れて、「**次はどうしたらいいと思います
か?**」と次につなげると建設的。「男らしくない」と
性別を引き合いに出すことは不快に思われます。

バリバリ働いている女性に

✕ 女性なのに頑張ってますね

⭕ よく頑張ってますね

POINT 「女性なのに」などと性別を引き合いに出すことを
不快に感じる人が増えており、ジェンダーハラスメ
ントとも呼ばれます。わざわざ性別に言及しないで
素直に「**よく頑張ってますね**」と言いかえましょう。

重い荷物を運ぶとき

✕ 力仕事だから男性に

⭕ 持てそうな人で
一緒に運びましょう

POINT 性別で仕事や役割を振り分けることは、性差別的だ
とされることもあります。力仕事は男性と決めつけ
ずに、「**荷物が重いので、持てる人で一緒に運びま
しょう**」と性別の区別なく呼びかけると公平です。

来客時にお茶出しを頼むとき

✕　女性のほうが喜ばれるから

 **手が空いていたら、
お茶をお願いできますか**

POINT お茶出しは女性の仕事という決めつけも、典型的な
ジェンダーハラスメントと言えます。女性にお茶出
しをお願いする場合でも「**もし手が空いていたら、
お茶をお願いできますか**」と端的に頼みましょう。

若手を褒めるとき

✕　若いわりにしっかりしてるね

 しっかりしていて頼もしいね

POINT 「若いわりに」という言い方には、若い人は頼りに
ならないという偏見が含まれています。年齢に言及
せずに素直に褒めましょう。年齢に基づく差別的扱
いを、エイジハラスメントと呼びます。

流行に詳しい人を褒めるとき

✕　おじさんなのによく知ってますね

 ○○にお詳しいんですね

POINT 「おじさんなのに」「おばさんなのに」などと、年齢
や性別で相手を決めつけないようにしましょう。少
し持ち上げて褒めるなら、「**さすが、○○さんはお
詳しいですね**」のように言ってもいいでしょう。

産休を申請した女性に

 忙しい時期だけど仕方ないね

 **仕事のことは
安心して任せてください**

POINT 「仕方ない」のような言葉は、マタニティハラスメントにこそならなくても、産休取得を後ろめたく感じさせます。「**仕事のことは、安心して任せてください**」と頼りがいのある声かけが理想です。

育休を申請した男性に

 奥さんに任せられないの？

 **わかりました。
今後のことは相談しましょう**

POINT 男性の育休取得を阻むような言動は、パタニティハラスメントと呼ばれます。育児は女性の仕事という偏見をなくして、女性と同じように男性の育休取得も後押しできるといいでしょう。

未婚の社員に

 独身だから責任感が薄いんだよ

 **結婚してるかどうかは、
仕事には関係ないですからね**

POINT 未婚を理由に評価を下げたり、人格否定をしたりすることは、マリッジハラスメントと言われています。職場で結婚の話題になっても、未婚既婚を問わず、相手に価値観を押しつけないようにしましょう。

LGBTをカミングアウトされたとき

 ソッチ系なんだ

話してくれてありがとう。
何か希望することはありますか？

POINT 相手の性的指向や性自認をからかうような発言は、SOGI（ソジ）ハラスメントに当たります。まずは話してくれたことにお礼を言って、会社に対応してほしいことがないか確認するといいでしょう。

SNSでやり取りしたいとき

 「いいね」してよ

SNSをやってるので、
よかったら見てくださいね

POINT SNSの閲覧や「いいね」の強要は、ソーシャルメディア・ハラスメントと呼ばれます。自分のSNSを見てほしいなら「**Twitterをやっているので、よかったら見てください**」くらいの伝え方が穏便です。

飲み会に誘うとき

 これも仕事のうちだよ

無理に飲まなくていいから、
よかったら来ませんか？

POINT 飲酒の強要は、アルコールハラスメントとも呼ばれます。飲酒が苦手な部下を飲み会に誘いたいなら、「**無理に飲まなくてもいいから、よかったら一緒に行きませんか？**」と言うと相手は安心します。

パワハラ被害の相談を受けたとき

 仕事ってそういうものだよ

 話してくれてありがとう

POINT 「仕事ってそういうものだよ」などと相談をまともに取り合わないことを、セカンドハラスメントと言います。相談を受けたらまずは相手の話を受け入れて、協力できることがないか聞くといいでしょう。

セクハラ被害の相談を受けたとき

 あなたにも落ち度があったんでしょう

 窓口に相談してみますか？
私から話したほうがいいですか？

POINT セクハラ被害は周りの人が気づきにくいので、セカンドハラスメントが起きやすく、注意が必要です。相談されたら、相手がどのような対応を望んでいるのか、確認するようにしましょう。

信頼している人に加害者の疑いがあるとき

 そんなことする人じゃない

○ **これからは**
言動に注意して見ておきます

POINT 自分の信頼している人がハラスメントなんてするはずがないと思っても、すぐ相談した人を疑うのはよくありません。相談者に断った上で他の人にも話を聞くなど、公平な対応を心がけましょう。

シーン

SNS 炎上対策

企業の公式 SNS アカウントによる不用意な
投稿が批判される、「炎上」は後を絶ちません。
迂闊（うかつ）な発言をしないよう気をつけましょう。

政治の話題に言及するとき

✗ ○○党に投票しました

O ▶ **期日前投票に行ってきました**

POINT 政治や宗教の話は、トラブルや対立のもとになりが
ちです。企業の公式アカウントなら、事業や商品に
関係がないことについては、特定の政党や宗派など
に偏った投稿は避けたほうが無難です。

ニュースや事件に言及するとき

✗ ○○の話はひどいですよね

O ▶ **○○が話題ですね**

POINT ニュースや有名人の話題に軽い気持ちで感想を言
うと、反対意見を持つ人たちから反感を買う場合が
あります。話題の出来事にからめた投稿をするなら、
議論に頭を突っ込まないように気をつけましょう。

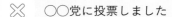

自社製品の不満が書かれた投稿に

 誤解なので消してください

 差し支えなければ、DM で
詳しくお伺いできませんか？

POINT 悪い口コミや間違った内容の投稿を見つけても、一方的に消すように頼むと印象が悪いです。まずは、**「投稿を拝見しました。差し支えなければ、DM で詳しくお伺いできませんか？」** と聞いてみましょう。

仕事に関する話をするとき

 情報開示前ですが、実は……

 話せるようになったら、
お知らせします

POINT 仕事で知った機密情報や情報開示前の内容を、SNS に投稿することは厳禁です。お知らせしたいことがあると予告しておいて、公開できる時期になったら情報解禁すると盛り上がりを演出できます。

投稿内容が炎上したとき

 そんなつもりではなかったのですが……

 不適切な内容がありましたことを
深くお詫び申し上げます

POINT 気をつけていても炎上の可能性はゼロにはなりません。SNS を始める前に、炎上が起こったときの対応を決めておきましょう。謝罪をするときに少しでも言い訳をすると、余計に批判が激しくなります。

シーン

クレーム対応

接客業に限らず、クレーム対応が必要になる
場面はあります。相手の話に耳を傾け冷静に
対処して、事態を最小限に抑えましょう。

苦情を受けたとき

✕ すみません、すみません

**○ ご迷惑をおかけして
大変申し訳ございません**

POINT 怒っている相手に、「すみません、すみません」と
繰り返して平謝りするばかりでは、さらに火に油を
注ぐこともあります。「**ご迷惑をおかけして、大変
申し訳ございませんでした**」と丁寧に謝りましょう。

苦情の内容を聞いているとき

✕ はい、はい

○ ご指摘の通りです

POINT 相手からまくし立てるように話されると、「はい、は
い」と繰り返してしまいがちですが、本当に聞いて
いるのかと疑われかねません。まずは静かに相手の
話を聞いて「**ご指摘の通りです**」と答えましょう。

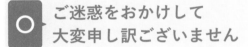

詳しく確認したいとき

 ✕ どういうことですか？

**○ どのような状況か
お伺いできますでしょうか？**

POINT 「どういうことですか？」と聞くと、相手は責められているように感じます。**「どのような状況かお伺いできますか」「どのような点でお困りでしょうか」**と丁寧に相手の状況を聞き出しましょう。

状況や原因がはっきりしないとき

 ✕ おっしゃることがわかりかねます

**○ ご心配をおかけして
申し訳ございません**

POINT クレーム内容がよくわからない場合でも、相手の説明不足のせいにしてはいけません。まずは、相手の気持ちに寄り添って**「ご心配をおかけして申し訳ございません」**などと謝れば、相手も落ち着きます。

自分では対応できないとき

✕ 私にはちょっとわからなくて……

○ 担当者に確認してまいります

POINT 「わからない」と言われると、相手はさらに心配になります。自分では対応できないと思ったら、すぐに**「担当者に確認してまいります」**と伝えて、対応できる人が引き継ぐようにしましょう。

そんなはずはありません

**もう一度、
ご確認をお願いできますか**

POINT 自社側のミスはないのに相手が文句を言っている場合でも、「そんなはずない」と開き直った態度では相手を不快にさせます。「**もう一度、ご確認をお願いできますか**」と丁寧に頼みましょう。

相手が勘違いしているとき

 それは間違っています

○○と承っております

POINT 間違っているとそのまま伝えては、刺々しい印象です。毅然としつつも丁寧に、こちらの認識を伝えましょう。「**書類にも記載がありますのでご確認をお願いします**」と言うと相手も納得しやすいです。

相手に原因があったとき

 やはりそうでしたか

原因がわかって何よりです

POINT 詳しく話を聞いていくうちに、トラブルの原因は相手にあったとわかることもあります。その場合でも、「**原因がわかって何よりです**」と言って、相手が罪悪感を覚えないようにしましょう。

相手にお願いしたいとき

✕ ○○しないでください

○ 今後は
○○していただけると幸いです

POINT 今後のトラブルを避けるためには、「電源プラグを抜かないでください」ではなく、「**今後は電源プラグをよく確認していただけると幸いです**」のように伝えると、相手に受け入れてもらいやすいです。

今後の対策を提示するとき

✕ 今回はすみませんでした

○ 今後このようなことがないよう
取り組んでまいります

POINT クレームを受けたら謝るだけではなく、これから改善していこうとする態度を見せることも必要です。十分に謝った後に、「**今後はこのようなことがないよう、取り組んでまいります**」と伝えましょう。

今後このようなことがないよう
取り組んでまいります

短所・マイナス言葉

人の能力や性格を話すときには、相手を傷つけない言葉を選びましょう。自己紹介などの場面でもポジティブな表現が好ましいです。

すぐに意見を変える人

✕ 一貫性がない

··

○ **柔軟性がある**

POINT 人の意見につられて簡単に自分の意見を変える人は、一貫性がなく無責任に見えるかもしれません。しかし、新しい環境に合わせて考え方を変えることができるということは、柔軟性が高いとも言えます。

真面目で頭が固い人

✕ 堅苦しい、頑固

··

○ **きちんとしている**

POINT 「堅苦しい人」と言うとネガティブな印象ですが、**「きちんとした人」**と言えば悪口にはなりません。頑固で頭が固い人には、**「自分の意見を持っていて素敵です」** と言って褒めることもできます。

些細なことを気にする人に

 細かい

○ よく気がつく

POINT 「あの人は細かいタイプ」と言うと、その人に対し
てうんざりしているようにも聞こえます。プラスの
言葉に言いかえるなら、**「他の人が見落としがちな
ことでも、よく気がつくタイプ」**だと言えます。

行動が遅い人に

 のんびりしている

○ 余裕がある

POINT 「のんびりしてますね」「ゆっくりですね」などのセ
リフは、人によっては馬鹿にされているように感じ
ます。**「いつも余裕がありますね」**と言いかえまし
ょう。仕事が遅い人に対して使うこともあります。

深く考えずに行動する人に

 行き当たりばったり

○ 臨機応変

POINT 「いつも行き当たりばったりで……」と自分のこと
を謙遜して言う人がよくいます。同じようなことで
も**「臨機応変に対応しています」**と言えば、頼もし
い印象を与えられます。

5

トラブル回避の言いかえ

183

テキパキと仕事をする人に

✕ 要領がいい

〇 段取りがいい

POINT 手際のよさを褒めるつもりで「要領がいい」と使う
と、手抜きがうまいと言っていると勘違いされるこ
とがあります。「**段取りがいいですね**」「**仕事が早い
ですね**」と言われれば、相手も悪い気はしません。

人間関係において器用な人に

✕ うまく立ち回る

〇 周囲がよく見えている

POINT 「うまく立ち回る」には、自分が有利になるように
人につけ入るようなニュアンスがあります。人付き
合いが上手な人を褒めるなら、「○○**さんは、周囲
がよく見えている**」と言うほうが適切です。

マイペースな人に

✕ 気が利かないね

〇 物事に動じないですね

POINT 周りで何があっても自分のペースを乱さない人は、
「気が利かないなあ」とイライラすることもあるか
もしれませんが、「**物事に動じない**」「**自分をしっか
り持っている**」という美点でもあります。

新鮮味にかけるものに

 ✕ ありきたり

○ 定番

POINT 相手の提案やアイデアに対して、「ありきたりですけど、面白いですね」と言っても褒めているようには聞こえません。**「やっぱり定番ですね」「王道でいいですね」**と言いかえましょう。

流行遅れで古いものに

 ✕ 古臭い

○ 伝統がある

POINT 「古臭い」だけでなく、状況によっては「古い」と言ってもネガティブな印象になります。よいものだからこそ長く続いてきたものには、**「伝統がある」**という褒め言葉がぴったりです。

取り立てて目立つところがないものに

 ✕ 普通、平凡

○ 手堅い

POINT 「普通」「平凡」「まあまあ」などの言葉は、つまらなくて退屈そうなイメージを与えます。もう少し前向きに表現するなら、**「手堅いですね」「堅実に行きましょう」**のように言うといいでしょう。

あいまいな言葉

人によってイメージが違う言葉や2つ以上の
意味に取れる言葉の多用はすれ違いのもと。
言いたいことは明確に相手に伝えましょう。

連絡する日を伝えるとき

✕ 今週中にご連絡いたします

**○ 今週金曜日の18時までに
ご連絡いたします**

POINT 「今週中」と言っても、金曜日まで、日曜日まで、来
週月曜日の朝まで……と、人によってイメージにバ
ラつきがあります。トラブルを避けるためには、日
程はできるだけ具体的に示します。

席を外すとき

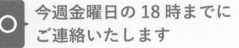

✕ しばらく席を外します

○ 1時間ほど、席を外します

POINT 「しばらく」のようなあいまいな言い方は避けて、で
きる限り時間で伝えるようにしましょう。席を離れ
るときには、「○**時頃に戻ります**」と帰りの時間の
目安も言っておくと、さらに親切です。

普段より早い時間を指定するとき

 早めに始めます

いつもより5分早く始めます

POINT 例えば「今日の会議はいつもより早めに始めます」と知らされても、何時から始まるかわからず、会議参加者を混乱させてしまいます。「**いつもより5分ほど早く始めます**」などと具体的に指定すべきです。

普段より多い数を頼むとき

 多めに印刷してください

いつもより3部多く
資料を印刷してください

POINT 「多め」「少なめ」のような、数や量のあいまい表現もすれ違いのもと。例えば「多めに印刷して」ではなく、「**いつもより3部多く、合計18部の資料を印刷してください**」と指示するとわかりやすいです。

費用がかかることを伝えるとき

 少し追加料金がかかります

約10万円ほどの
追加料金がかかります

POINT はっきりと言いにくいことは「少し」「ちょっと」などの言葉で濁してしまいがちですが、これがトラブルにつながることもあります。金額や納期などの重要な情報は、明確にしておいたほうが安心です。

5

トラブル回避の言いかえ

距離を伝えるとき

✖ 駅からそこそこ歩きます

 駅から 20 分くらい歩きます

POINT 歩く距離をどのくらいから負担に感じるようにな
るかは、人によってかなり違います。正確にはわか
らなくても、「**20 分くらい**」「**1.5 キロくらい**」など
とできるだけ具体的な数字で伝えましょう。

意見がないか聞かれたとき

✖ 大丈夫です

 異議はありません

POINT 「大丈夫」は、相手に賛成するときの他に、遠慮し
て断る場面でも使われます。遠慮ではなく、賛成の
意思を明確に伝えるためには「**異議はありません**」
「**賛成です**」と言ったほうが誤解されません。

申し出を断るとき

✖ 結構です

 遠慮させていただきます

POINT 「結構です」という言い方は、否定でも肯定でも使
われる表現です。状況によっては、間違って反対の
意味に伝わる恐れもあるので、辞退の意味が明確な
「**遠慮させていただきます**」を使うと無難です。

言葉を強調したいとき

 普通においしいですね

とてもおいしいですね

POINT 褒め言葉を強調するつもりで「普通」と言う人がいますが、あまりポジティブな意味に聞こえません。普段と変わらないおいしさを褒めたいなら「**今日も、とてもおいしいです**」などと言いかえましょう。

相手の持ち物を褒めるとき

 そういう時計いいですね

素敵な時計ですね

POINT 「そういう」「そんな」などの指示語は、馬鹿にしているように受け取られることがあります。また、「いいですね」と上から評価するような言い方より「**素敵な時計**」のように褒めると好印象です。

頭のよさを褒めたいときに

 スマートな方ですね

頭が切れる方ですね

POINT 「スマート」「ナイーブ」「デフォルト」など、複数の意味に解釈できるカタカナ語には、注意が必要です。スマートは「賢い」という意味だけでなく、すらりとした体型を指すこともあります。

おわりに

　この本でも記したように、不用意なひと言は、それまでの友好的な関係にヒビを入れかねません。それだけ私たちは口にする言葉に気を配らなければなりません。自分が不用意なひと言を言わないようにするにはどういう言い方ができるかを紹介してきましたが、逆の場合はどうでしょう。

　カジュアルな雰囲気の食事会、時間も経ってだいぶみんなと打ち解けてきました。そんなときに、あなたから少し離れたところに座っている人が、こうあなたに言い放ちます。

「○○さんって、あんまり存在感ないよね」

　周りの人も同調しているようです。あなたの心の中で「そんな言い方はひどいなぁ」とショックを受けるかもしれません。でも傷つく必要なんてありません。

そんなときも、「言いかえ」が役立ちます。

「私は、存在感がないんじゃない。控えめなだけ」

　そう思えば、相手のひと言でグサリとやられた心の
痛みも少しは癒えるのではないでしょうか。
「縁の下の力持ち」「でしゃばらない性格」「慎み深
い」など、いろいろな言いかえが可能です。そして、
不用意なひと言による痛みを知ることで、あなた自身
が口にする言葉に気をつかうようにもなるでしょう。

　本書が、あなたとあなたの周りの人との関係をより
深める一助になれば、著者としてこれほどうれしいこ
とはありません。

佐藤幸一

佐藤幸一（さとう・こういち）

1961年大阪府生まれ。大学卒業後、大手広告代理店で働き始めるが、月間200時間にもおよぶ残業と職場の人間関係に悩まされ、3年で退職。両親が営む会社で働くも業績悪化により会社は倒産、多額の借金を背負い再就職活動へ。この時の活動で悩んだことをきっかけに、コミュニケーションや心理学を研究する。その後、不動産会社の営業として再就職を果たし、5年で借金を返済。現在は、コンサルタントとして大手企業の人材育成や職場のコミュニケーション活性化支援をライフワークとしている。著書に『見るだけで語彙力アップ！　大人の「モノの言い方」ノート』『見るだけで語彙力アップ！　ビジネスに効く大人の「漢字」ノート』『新人からベテランまで使える大人のための敬語の使い方BOOK』（以上、総合法令出版）がある。

視覚障害その他の理由で活字のままでこの本を利用出来ない人のために、営利を目的とする場合を除き「録音図書」「点字図書」「拡大図書」等の製作をすることを認めます。その際は著作権者、または、出版社までご連絡ください。

新人からベテランまで使える
大人のための言いかえBOOK

2022年4月21日　初版発行

著　者　佐藤幸一
発行者　野村直克
発行所　総合法令出版株式会社
　　　　〒103-0001 東京都中央区日本橋小伝馬町15-18
　　　　EDGE 小伝馬町ビル9階
　　　　電話　03-5623-5121
印刷・製本　中央精版印刷株式会社